60代の
おしゃれの見直し
今を楽しむ
服を着て。

Reconsidering My Fashion

Mimi 著

はじめに

みなさん、こんにちは、YouTuberのMimiです。
人生初の著書『60代ひとり暮らし 明るく楽しく生きる術。』を発売してから1年ちょっと。思いがけず多くの反響をいただき、再び本をつくる機会に恵まれました。前作では、日々のおしゃれで自らを鼓舞しながら、明るく楽しく暮らしていく心がけやコツをご紹介しましたが、今作では、シニアと呼ばれる年に突入したわたしたち世代の〝楽しみのつくり方〟についての気づきや具体案をシェアできればと思います。

というのもわたし自身、老年期への過渡期である60代を過ごすうちに、これからの生き方についてすごく考えるようになったから。

もともと65歳までは働こうと思っていましたが、その先のプランは未定。いきなり自由に使える時間ができても、ただただ働いてきた人間がいきなり生きがいを見つけられるわけではありません。芸能人や音楽、スポーツなど、なんでもいいので、ハマれるものがあると生活にもハリが出るのでしょうが、残念ながらわたしにはそこまでの対象はありませんでした。貸しギャラリーの絵手紙展や書道展、パッチワーク展などで自分の作品を発表している人たちが、とても眩《まぶ》しく、うらやましくもありました。

お金や健康に対する不安もありましたが、それと同じくらい、〝楽しみを見つけられるのか〟というのは、この先の人生において大きな課題だったのです。

私と同じように生活のため、親のため、子どものため、会社のためと自分の時間をすり減らしてきた人ほど、いざ自由な時間ができたときに、こんな悩みに直面してしまうのではないでしょうか。特にわたしたちは〝真面目なことがいいこと〟と教えられてきた世代。がんばり続けることは美徳でもあったので、ただ楽しいことに対して、罪悪感を持ってしまう方もいますよね。

だけどこの先は、もう少し遊び上手になってもいいのかなと思うんです。遊んだり、ふざけたりすることを生活の中に取り入れていった方が、きっと楽しい。

身近なところで遊びを取り入れやすいのが、日々のおしゃれ。

若いころに選ぶ服には、遊び心や憧れがありました。雑誌のモデル、映画のヒロイン、トレンディドラマの女優もみんな〝ごっこ遊び〟の対象。服だけ真似してみてもその人にはなれない。それでも楽しかった。パソコンもスマートフォンもなかった時代。雑誌の切り抜きをスクラップブックに貼り付けながら夢を膨らませ、いつか同じ場所に行って、同じ服を着て写真を撮りたいと思っていました。そんな風に服を選ぶことがなくなったのは何歳からでしょう。いつの間にか年相応であることや人からどう見られるかを気にするようになり、服を選ぶ楽しさは置き去りに。好きな服を着て心を満たすことより、きちんとした社会の一員として見られることが重要になっていたんですよね。もちろん、社会性も協調性もとても大事なことです。でもね、思うんです。それはもう、ほどほどでいいんじゃないって。

人それぞれ仕事を引退する時期はさまざまだと思いますが、60代の過渡期は、〝個人の時間〟を取り戻す時期でもあります。それこそ子どものころのように。自由に使えるお金なんて持っていなかったし、社会も今ほど発達していなかったけど、なんでも遊びに変えることができたあのころ。

人生をもっと楽しもう！

きっと今でも、わたしたちにはあの頃の自由な力がちゃんと備わっているはずです。たとえば、週のはじめは女の子気分を味わうために、ガーリーなブラウスを着るとか。ハンサムなシャツを女性らしく着崩して、カッコいい女性を気取ってみるとか。妥当さや無難さではなく、自分を喜ばせることを優先して今日の服を選ぶ。案外そんなことから、楽しみって広がっていくと思うのです。

ユニクロ グレーベスト
MUJI Tシャツ
ったかコーデ
ichi ハイネック グレーセーター
ichi チェックの バッグ
イエロー ビーニー
セーラー ブラウス
ベージュ コーデュロイ
ソックス イエロー
コンバース ハイカット
② 寒かったらストール 金茶
パール ネックレス
ユニクロU リブクルーセーター
ユニクロ 黒ボストン
北欧暮らしの 道具展 黒スカート
ソックス茶
hocco 茶ブーツ
① 赤いチビマフラー
ユニクロ 黒セーター
Studio CLip 黒パンツ
ichi チェックのバッグ
黒オジ革靴 ソックス白
SO マスタード セーター
⑥ ネイビーベレー
プウ・ドゥ・ドゥ 水玉ブラウス
Crea delice 水色カーデ
Lintu Laulu もんぺパンツ
スタジオ クリップ 黒パンツ
エナメル風 レースアップ
⑤ メゾン ブランシェ ウールスカーフ
ユニクロU リブクルーセーター
ichi バルーンパンツ
マスタード タイツ
茶ブーツ
北欧暮らし 黒スカート
チェック イージーパンツ
カゴバッグ
バギーパンツ
黄色ソックス
MUJI 白レースアップ
06

ユニクロ
ラウンドジーンズ
ユニクロ
ワイドパンツ
(チェック)
ソックス
ネイビー
白コンバース
10/28
JIN ABE
スカーフ
オレンジ
ベレー帽
ユニクロU
プレミアムラム
リブクルーセーター
サスペンダー
たらす
スソ折る
黒レースアップ
ソックス
冬生成
BOOK
シャンブル
ブルーシャツ
bulldesavon
デニムジャケット
Malle
エリマキトカゲ
ブラウス
コーデュロイ
コーデュロイ
ユニクロ
ベージュ2way
マフラー
コーデュロイ
ソックス茶
コンバース
インを
イネス白シャツにチェンジ
GUオレンジ&グリーンのスカーフ
ベージュバッグ

今こそ おしゃれの 楽しみを 取り戻そう！

目次

1章

Reconsidering
My Fashion

60代はこれからへの転換期
これまでを見直して、新しい私へ

自分像の見直し

60歳を前におしゃれ改革をしました

〝外見は内面のいちばん外側〟といわれますが、確かにそのとおり。その時の自分の心境や好みが身なりに表れるのだ、と過去の自分を振り返って思いました。

社会人になりたての20代のころは、頑張って買ったお気に入りのDCブランドの服に身を包み、当時海外に進出していった若手デザイナーたちのように、自分も、もっともっと上を向いていた時期。アメリカに住んでいた30代のころは、生きていくためのスキルを身につけるのに精いっぱいでファッションは二の次。自分の内側を鍛える時期だったのかもしれません。その後帰国して印刷会社に就職。そこで過ごした40代は広告というクリエイティブな仕事が楽しく、おしゃれはシンプル路線の〝できる女風〟に。ところが49歳でリストラされたことで、仕事も自分のおしゃれの方向性も見失ってしまいました。とはいえ、生きていくためには働かなくてはいけません。43歳で買ったマンションのローンも残っているし、一刻も早く再就職せねば……と焦っていたところに、知人の紹介で新しくオープンするカフェで働かないかと誘ってもらい、社員になりました。平日は当時の制服だった黒のデニムパンツに合うトップスという格好で過ごし、休日はカジュアルな服装。50代になると恋愛からも離れ、加齢による衰えも感じ始め、すっかりおしゃれ迷子状態に――。おしゃれをしたくても〝何を着たらいいのかわからない〟という思いを抱えていました。

　そんな状態を脱することができたのは60歳を過ぎてから。コロナ禍以降、雇用形態を社員からパートにしてもらい、週6回勤務だったのが今では週1回に。子どもの時のような〝自分のための時間〟が復活したのに伴い、人からどう見られるかを気にするより、自分の気持ちが弾む服を着て〝楽しく過ごしたい〟と思えるようになったのです。今まで頑張ってきたんだもの。60代からは自分をいたわり、愛して生きていこう。これが今の私のおしゃれのベースです。

私のおしゃれヒストリー

これまでとこれから

50代

おしゃれ迷子期。ベーシックな服が中心でしたが、店の人にすすめられて、少しずつキレイな色やかわいいテイストの服にトライするようになりました。

40代

日本で会社勤めするようになり、シンプルなトラッド路線の服装に。比較的安価で買いやすかった「シューラルー」や「コムサ イズム」が大好きでした。

30代

30代はアメリカで暮らしていました。気候に対応した機能性重視の服装が多く、ショッピングモールにあるアウトドアブランドの服をよく着ていました。

20代

成人式は大好きだった「コムサ デ モード」のスーツで参加。トラッド系の服が好みで、「JUNKO SHIMADA」の黒のスカートもお気に入りでした。

60代からは こんな自分でいたい！

老いによる体の変化や髪質のコンプレックスが受け入れられるようになり、〝好き〟という気持ちを解放するような服装、個性を生かしたヘアスタイルが楽しめるようになってきました。これからの理想像として頭に描いているのはファッション誌のスナップ写真で見た、パリのおばあちゃん。明るい色の服を着て、通りがかった人と気さくにあいさつをする。そんな朗らかで陽気なおばあちゃんになっていきたいと思っています。

癖毛を生かしたショートヘアで自分らしさを全開に

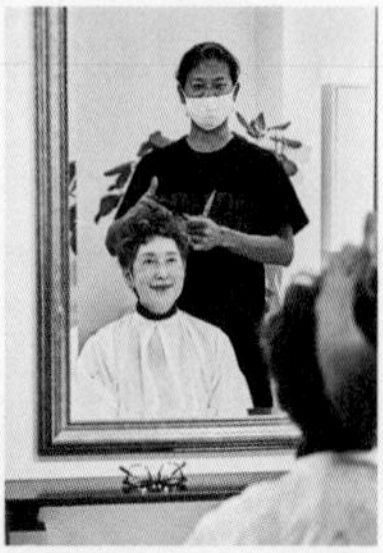

美容師さんが好みを熟知してくれているので、いつもお任せで。近頃は白髪ぼかしのためにメッシュを入れてくれています。

美容に最もお金をかけていたのは40代のころ。4カ月おきに縮毛矯正をしていたのがその理由です。髪が傷むし、いつかはやめなくてはいけない。そう思っていた49歳のときに出会ったのが、今通っているヘアサロン「BESTADIO」。初めてうかがった時から「癖毛を生かそう」と提案してくれ、徐々に短くなっていきました。次第に長年抱えていた〝直毛への執着〟からも解放されて、気持ちが楽に。年を重ねるほどに少しずつ老いを受け入れられるようになるのと同じで、コンプレックスも少しずつ気にならなくなるものなんですね。

2章

Reconsidering
My Fashion

心が弾む服を残して
〝楽しいおしゃれ〟へと舵《かじ》を切ろう

ワードローブの吟味

クロゼット

Before

ここ数年で
服が増えて
こんな状態に

問題点1

ケースの中におさまりきらなくなった服が出しっぱなしになっている。

上段のファイルケースの中は冠婚葬祭用の革のバッグや小物など。
亡くなった父の遺品や母の服もこのスペース内に保管しています。

手持ちの服を見直しておしゃれ環境を整理

わが家には服の収納場所が3カ所あります。ひとつは寝室の押入れ。衣装ケースに〝今着る服〟を入れています。もうひとつは寝室のハンガーラック。ここにはその時季のお気に入りの服を吊るしています。そして、このクロゼットには季節外の服とアウターや着丈の長い服を収納しているのですが、いつの間にか〝とりあえず置いておく〟保管庫のようになってしまい、すし詰め状態に……。

問題点2

積み重ねて収納しているので下の服が取り出しにくく、どんな服を持っているのかひと目で把握できない。

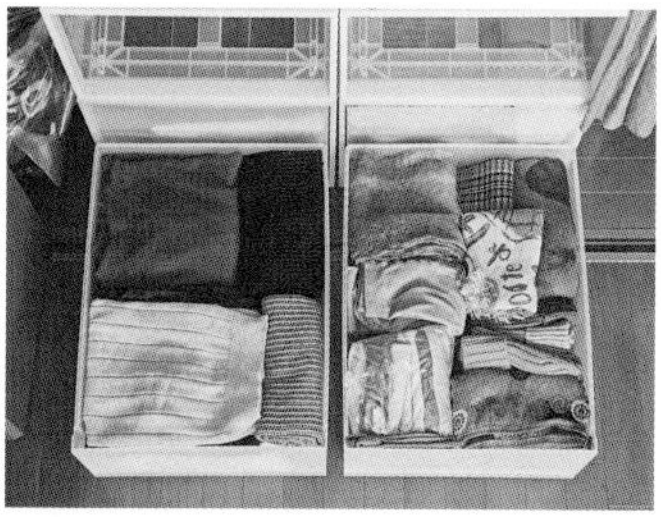

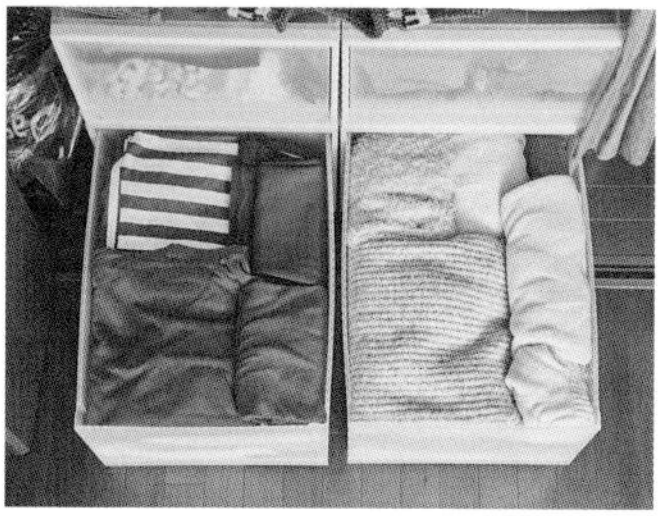

下が見えない〜

問題点3

ぎゅうぎゅうに詰め込み過ぎ。引き出しを閉める時に服の一部がケースからはみ出してしまうこともしばしば。

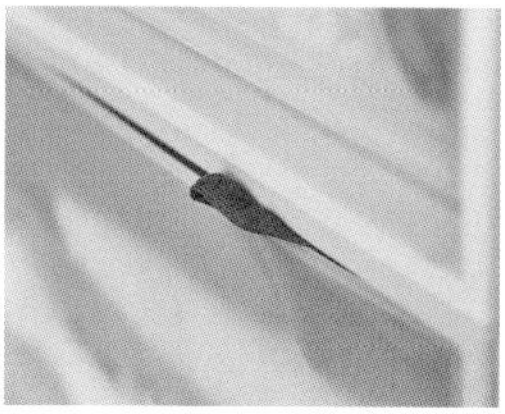

服が傷んじゃう

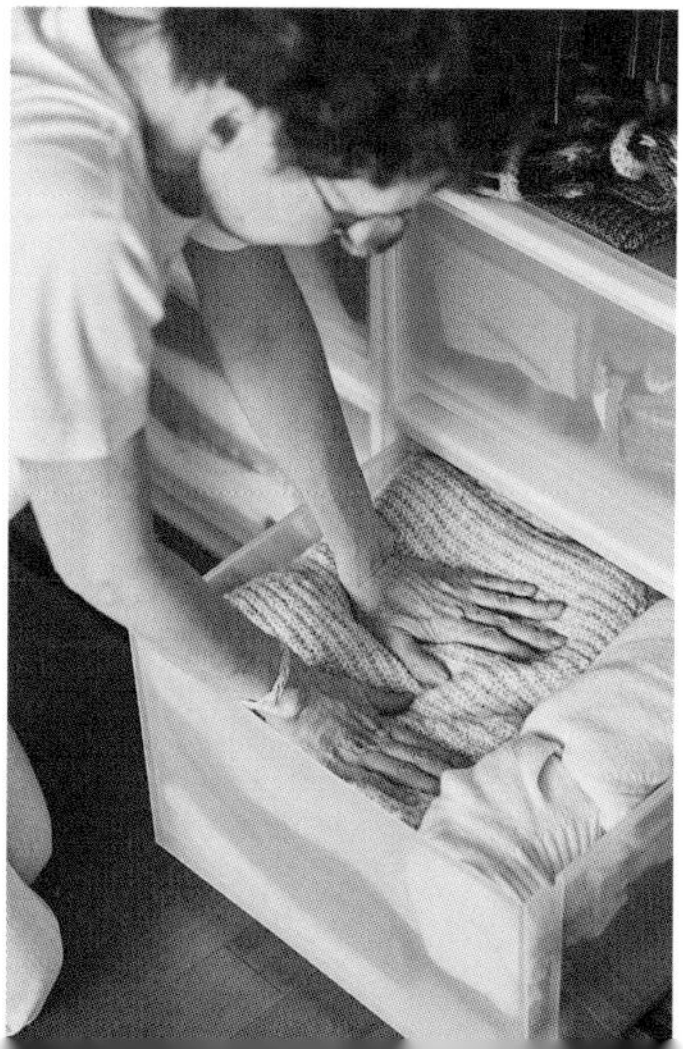

服の見直しは
〝何を残したいか〟のプラスの選択で

体力がなくなってから、ものを処分するのはしんどいかもしれない。そう思い、50代半ばの時に大がかりな断捨離を決行しました。このクロゼットもその対象。着ない服は処分し、ハンガーや衣装ケースの数を固定して〝ここにおさまるだけ〟をマイルールに過ごしてきましたが、そろそろ限界な様子。その原因はもちろん、新しい服が増えたからです。

――そう、わたしは、いくつになっても新しい服を着たいのですよね。

年を重ねるほどに、毎日変わらない平穏な日々のありがたさをしみじみ感じるようになったものの、毎日同じ空間、同じ人間関係、同じことだけをし続ける環境にいると、退屈に感じてしまうタイプ。そんなわたしにとって新しい服は日々のカンフル剤なのです。

もしわたしが、ユニフォームのように毎日同じような服を着続けることに安心感や喜びを覚えるタイプなら、服もそう増えず、クロゼットは大事にとっておきたいものたちの保管庫として活用すればいいのでしょうが、わが家のクロゼットには新陳代謝が必要。新しい服が１枚増えたら、１枚手放すを徹底しなければいけなかったんですよね。そこでこの機会に、今の自分にとって〝もう手放してもいい服〟とは何かをあらためて考えてみました。

その１：傷んでしまった服

どんなに好きなデザインの服でもヨレヨレ過ぎてはみっともなく見えるもの。若い頃は着古した服もひとつの味としてカッコよく着られましたが、今はそうはいきません。

その２：あまり着なかった、出番の少ない服

これは新しい、古いに関係なくあります。今の自分には似合わなくなった昔の

服はもちろん、最近買ったものでも、着心地やデザインなどがどこかしっくりこず、着替える際にほとんど手が伸びなかった服は手放しの対象です。ただ、そうはわかっていても、思い出の品や値段が高かったものについては、迷いが生じてしまうんですよね。またいつか着るかもって。誰にでもそういう服が何着かあるのではないでしょうか。わたしも20代の時に頑張って買った「マックスマーラ」のジャケットや、30代の時に母に買ってもらった服が手放せずにいましたが、でもやっぱりもう着ないんです。いつかどこかのタイミングで手放す決断を下さねばならないのなら、今、行動した方がいい。なぜなら思い出は煮詰めるほど手放しづらくなるから。心に大切にしまっておけばいいんですよね。

それでも決心がつかないものは、視点を切り替えて考えました。服に限らずものの手放しは〝何を捨てるか〟に意識が行きがちですが、突き詰めれば〝何を残すか〟というプラスの選択。思い出も大切だけど、わたしはやっぱり、新しい服を着る喜びのほうに目を向けていたいと思うのです。

クロゼット

After

取り出しやすく
しまいやすい、
ノーストレスの
クロゼットに
なりました！

解決！

以前は深型の衣装ケースが4つありましたが、そのうちの2つを浅型4つに替えて、中がひと目でわかるようにしました。

ポールにかけているハンガーの数は変わらず。すべて無印良品で統一しています。

片づけたあとの
クロゼットには
わくわくがいっぱい

プラスの視点で服を取捨選択すると、いいことがひとつ。それは、クロゼットを開けたときに、大好きな服ばかり目に飛び込んでくること。私は服が好きなので、今回の片づけで、わが家のクロゼットがますます好きな場所になりました。本が好きな人なら本棚、器が好きな人なら食器棚でも同じこと。もし今、整理中の方がいらしたら、〝楽しくて、残したいものだけを集める〟感覚で整理するといいかもしれませんよ。

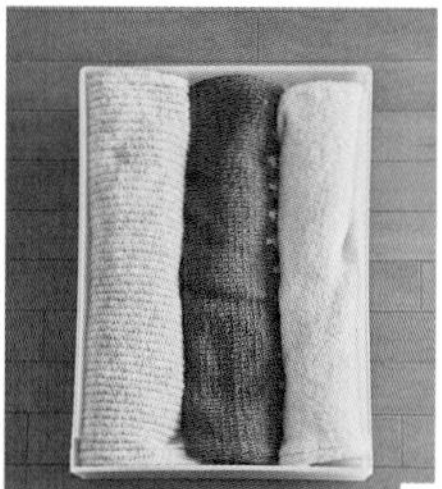
1

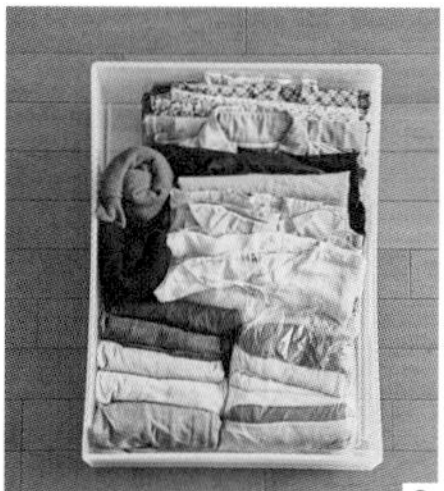
2

3

4

5

6

使用している
衣装ケースのサイズ

1-4［無印良品］PPクローゼットケース・引出式・小
約幅44×奥行55×高さ18cm
5.6［無印良品］PPクローゼットケース・引出式・大
約幅44×奥行55×高さ24cm

クロゼットは好きな役者がそろった舞台裏。そう思うと、着ている時だけでなく、休ませているときも、きれいにしておこうというモチベーションが保てます。

仕事を離れ、着まわしを考えなくなったらコーデを組むのがより楽しくなりました

仕事を離れ人に会う機会が少なくなると、人に合わせたり、見せるための服装がいらなくなりました。これからのおしゃれは、自分の気持ちを満たすためのもの。あれこれと着まわしを考える必要もなくなるので、買い物の基準は好きかどうかだけ。するとコーディネートを組むのがぜん楽しくなりました。すべてが好きな服だから。今日の主役はこれ、脇役はこれと、日々配役を変えながら、毎日の服選びを楽しんでいます。

3章

Reconsidering
My Fashion

新しいチャレンジを楽しむ自分でいたいから
いい服よりも、旬の服を

〝今〟を楽しむ
服を着て

定番品は一生ものではないのかも
これからの服選びは〝長く〟にとらわれず
〝今〟の気持ちを優先に

定番という言葉って魅力的ですよね。昔は今より服の値段も高かったので、お店の方の「これ定番だから、長く着られますよ」という言葉は、服を買うときの安心材料でもあったと思うのです。でも当時「よし、ずっと着るぞ」と意気込んで買った服で、現在手元に残っているものは意外と少ないのではないでしょうか。あるいは持ってはいても、着ていないという方がほとんどだと思います。

たとえば、クルーネックカーディガンやセーターなどがそう。シルクやカシミアなど素材は上質でいいものでも、だんだん着こなすのが難しくなっていくんです。それに引き換え「ユニクロ」や「無印良品」などでは、そういった定番ラインの服が、毎シーズン〝リニューアルしました〞という言葉とともに登場します。そう、少しずつ今の時代に合わせて形がアップデートされているんですよね。

もちろん上質なものを上手に着こなせれば、それはとてもいいことですが、わたしたちの世代は、もうあまり定番にこだわらなくてもいいのではないかと思います。次の季節、何を着ようかな……くらいの短いスパンで考えていくほうが、その時代の空気感をまとうことができて、新鮮な気分でいられるのではないかと思うから。まぁ、20年、30年先のことを考えたくないなっていうのが正直なところなんですけどね（笑）。

流行《はや》りは若い人のものと思われがちですが、わたしはそうは思いません。食事も旬なものがおいしいように、トレンドの服は1枚でおしゃれ。選び方にもよりますが、おしゃれに疎くなってしまった世代を助けてくれるアイテムもいっぱい。せっかく今の時代を生きているのだから、新しいものも受け入れながら、今を楽しく着るというのが大事かなと思います。

BLOUSE

ルンルン気分になれるブラウス

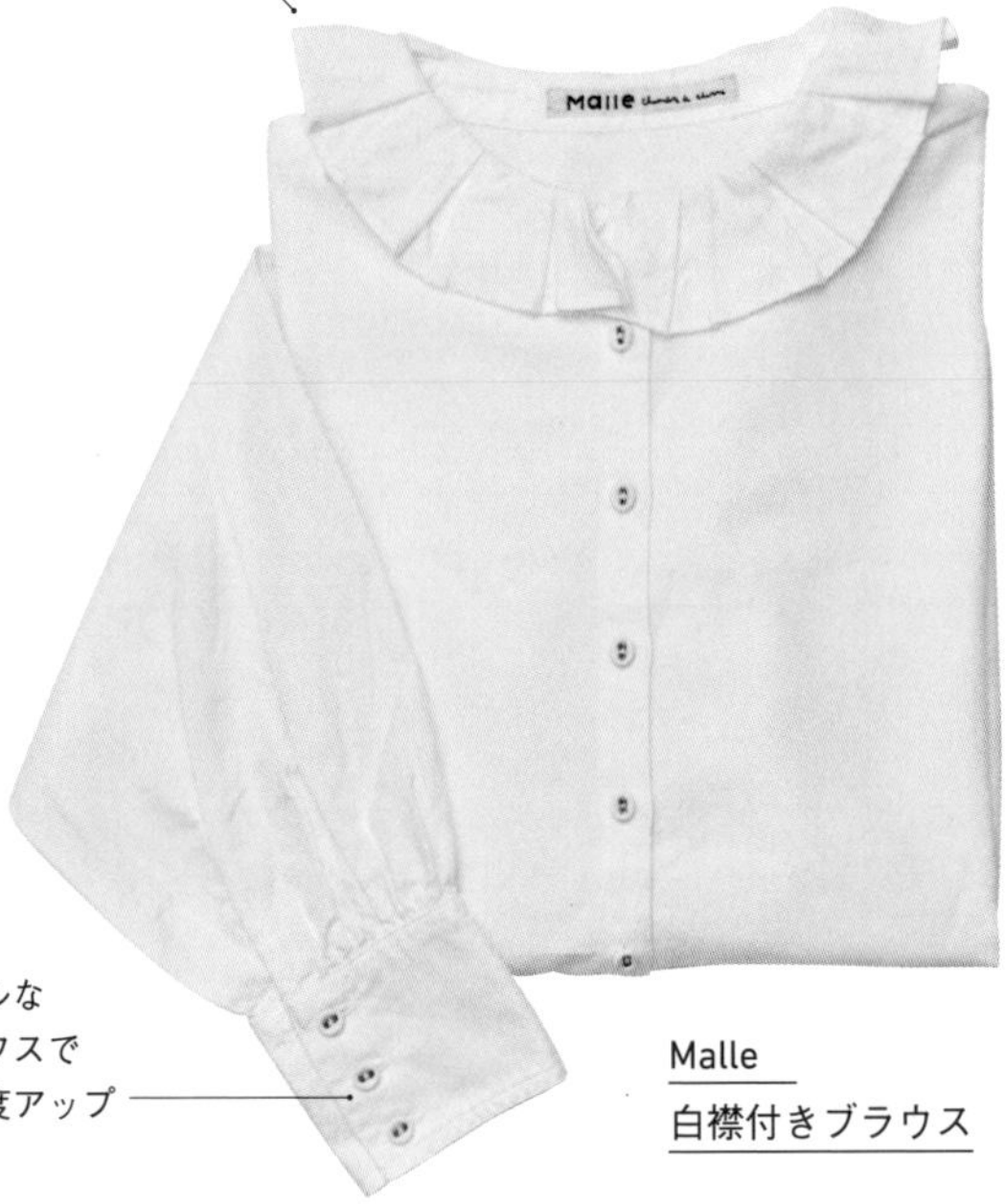
襟のフリルが
ときめきポイント
クラシカルな
長めのカフスで
ガーリー度アップ

Malle
白襟付きブラウス

ブラウスは襟に女性らしさが表れるアイテムです。襟のデザイン次第で、着ているわたしの表情まで違って見えるのが楽しいところ。たとえば、丸襟なら優しそうに見えるし、レース襟は女性らしさを強調してくれるんです。

大きなフリルの襟が印象的なこのMalleのブラウスは、「ザビエルちゃん」と名づけて大切に着ているお気に入り。なんといっても、このチャーミングさが唯一無二。大胆なデザインですから出番が多い服ではありません。むしろ気分を上げたいときに選ぶ服。〝かわいい服〟は気持ちを高揚させ、元気を与えてくれるんです。

首元にボリュームがあると
表情も明るく
やわらかくなりますよ

着こなしのポイント

色みは抑えてシンプルに。ただ、白一色だと締まりがなくなってしまうので、めがねや帽子でポイントを加えると襟を際立たせることができます。

ちょっとそこまでの買い物のときもかわいい格好で足取り軽く

年を取ると寂しげに見えてしまうのは否めないと思うのです。老いは哀愁を伴うことだから。だからこそ何を着るかが大切。近所でもスーパーでも、気軽に話しかけてもらえるような明るい雰囲気をまとえる服を着ていたい。その方が気分よく過ごせますから。

コーディネートのポイント

ボーイズアイテムをプラスして ブラウスのかわいさを引き立てて

甘いものに甘いものを合わせると、こってりしすぎてしまうところが食事とファッションの似ているところ。ストレートデニムやスニーカーなどのボーイズライクなアイテムやダークカラーを合わせると、よさが引き立ちます。羽織りものは襟を隠さないものを！

D

E

A

B

C

これを合わせました

A. PAR ICI ベレー帽
B. CLASKA Gallery & Shop "DO" レコードトートバッグ
C. コンバース オールスター ハイカット イエロー
D. ユニクロ ローゲージVネックカーディガン
E. ユニクロ JWアンダーソンリラックスペインターパンツ

STRIPED SHIRT

ストライプシャツで ハンサムな自分に

細めストライプが
スマートでカッコいい

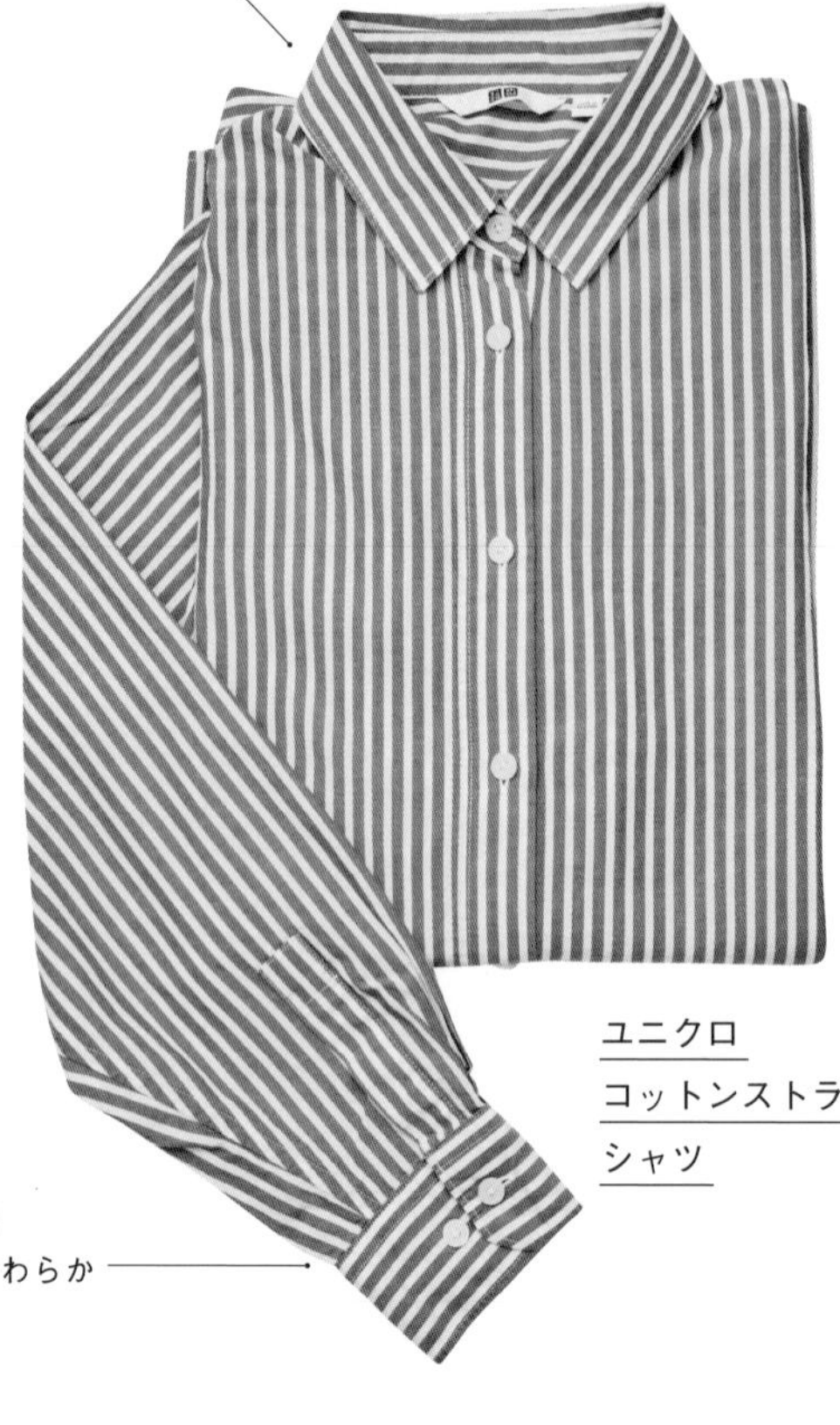

ユニクロ
コットンストライプ
シャツ

シャンと
見えるのに
着心地はやわらか

最近取り入れるようになって、重宝しているのがストライプシャツ。トラッド感の強いアイテムだから、着ているだけでカッコいい女性になれる気がしています。

「ユニクロ」のストライプシャツは、定番の形で何にでも合わせやすそうだったのと、今っぽい着崩し方に挑戦してみたかったのが、購入の決め手でした。襟を後ろに落として裾を前だけインする着方に挑戦したら、60代でも様になることがわかり、うれしい発見。若作りはしたくないけれど、トレンドに挑戦した結果若々しく見えるのは大歓迎！　1枚でも雰囲気があるし、重ね着もしやすい。着まわし頻度も抜群です。

袖を通すと背筋がピン！シャツを堂々と着こなせる自分でいたい

着こなしのポイント

襟を抜き、袖をたくし上げ、後ろの裾だけアウトに。襟足や手首を強調すると、女性らしく着こなせます。細めのベルトを締めると、だらしない印象にはなりません。

STRIPED SHIRT

仕事から離れるとシャツを着る人は少なくなるそうですが、わたしは日常的によく着ます。それは大好きな重ね着を楽しめるからかもしれません。ブルー×白のストライプのシャツは、何にでも合う汎用性の高さが魅力で、特に大好きなトラッド系のニットとも相性抜群。単色のシャツにはない、程よい遊び心が好きなんですよね。

メンズファッションの
定番〝アイビールック〟で
学生を気どって

コーディネートのポイント

シャツをどう着たいかで合わせるアイテムを選んで！

定番の形なので、どう着るか、何を合わせるかで印象が変わります。シャツを主役にするなら、ストレートパンツを合わせてスッキリと。シャツを脇役にするなら、シャツの色と相性のいい上着やボトムを選んで。太めのパンツと、学生っぽいニットカーディガンを合わせるのが最近の私のお気に入り。

A

C

D

B

E

これを合わせました

A. ユニクロ JW アンダーソン クリケット カーディガン
B. ユニクロ イネス デニムタック ワイドパンツ
C. CLASKA Gallery & Shop"DO" レザーベルト
D. ユニクロ バギージーンズ
E. コンバース オールスター ローカット ブラック

BORDER SHIRT

定番のボーダーTシャツで新しいわたしこんにちは！

ボックスシルエットなら
1枚でおしゃれ

重ね着できる
ゆったりサイズが
便利

ユニクロ
ボーダーTシャツ

着るだけでどことなくおしゃれ。いつの時代もボーダーには〝おしゃれさん〟のイメージがありますよね。ただ、人気のアイテムだけに偶然、同じ服を着ている人に遭遇してしまう確率も高いもの。それはそれで仲間な感じがしてうれしいのですが、どこかに自分らしさを加えている人を見ると、素敵だなと思います。帽子やアクセサリー、靴など、着こなしのどこかに好きなものや、ちょっと気になるものを取り入れるだけで、その人のキャラクターは伝わるものです。失敗しても大丈夫。だってボーダー自体が、おしゃれなアイテムなのですから。臆せず新しい自分を探してみましょう。

キャップとゴールドのアクセサリーでちょっぴりストリート風に

着こなしのポイント

茶×白の秋色ボーダーに若者のトレンドを投入。キャップはあまり似合わないと思っているのですが、ボーダーTシャツだからこそあえて冒険を。

BORDER SHIRT

インもアウトも自由自在。温度調節にあると便利な一着です

おしゃれをしたい日はもちろん、何を着たらいいのか迷う気候の日にもボーダーTシャツを手に取ってしまいませんか？　さらっとアウターを羽織れるから便利なんですよね。それでも肌寒く感じたら、中にタートルネックを着込むとさらにあたたか。広めの襟ぐりにも安心感を添えてくれます。

E

コーディネートのポイント

**服の色は3色まで
遊び心は小物で取り入れよう！**

今季は茶×白のボーダーに初挑戦。ボトムは茶色か白ならすんなりなじみ、もし黒にするならインナーやアウターを黒にするなど、同色の仲間をつくると違和感がありません。服の色に統一感があると、小物を取り入れてもうるさくならず品よくまとまりますよ。

F

C

A

B

D

これを合わせました

A. 無印良品 起毛フランネル キャップ
B. ローリーズファーム ハートのネックレス
C. ユニクロ ドライスウェット トラックパンツ
D. コンバース オールスター ローカット ブラック
E. ユニクロ シアージャージー タートルネックT
F. ユニクロ コーデュロイ ワイドパンツ

PARKER

暖色のパーカで 秋冬の毎日に明るさを

トレンドの
オーバーサイズで
若々しく

オレンジ色で
血色感をアップ

ユニクロ
メンズ スウェットプルパーカ
M サイズ

以前、白のパーカを持っていたのですが、秋冬の暗く、重たくなりがちなコーディネートの中にカラフルな色をプラスしてみたくなってオレンジのパーカを新調しました。わざわざ鏡を見ることはしませんが、動作の合間にふと好きな色が目に入ると、すごくうれしい。黄色も元気になれそうでいいなと思いましたが、秋冬によく着る黒やグレーと合わせるとコントラストが強過ぎて、目立ち過ぎてしまうんですよね。その点オレンジは、アクセントになりつつも、自然になじんでくれていい感じ。

顔色もよく見せてくれるので、血色が悪くなりがちな冬にはもってこいです。

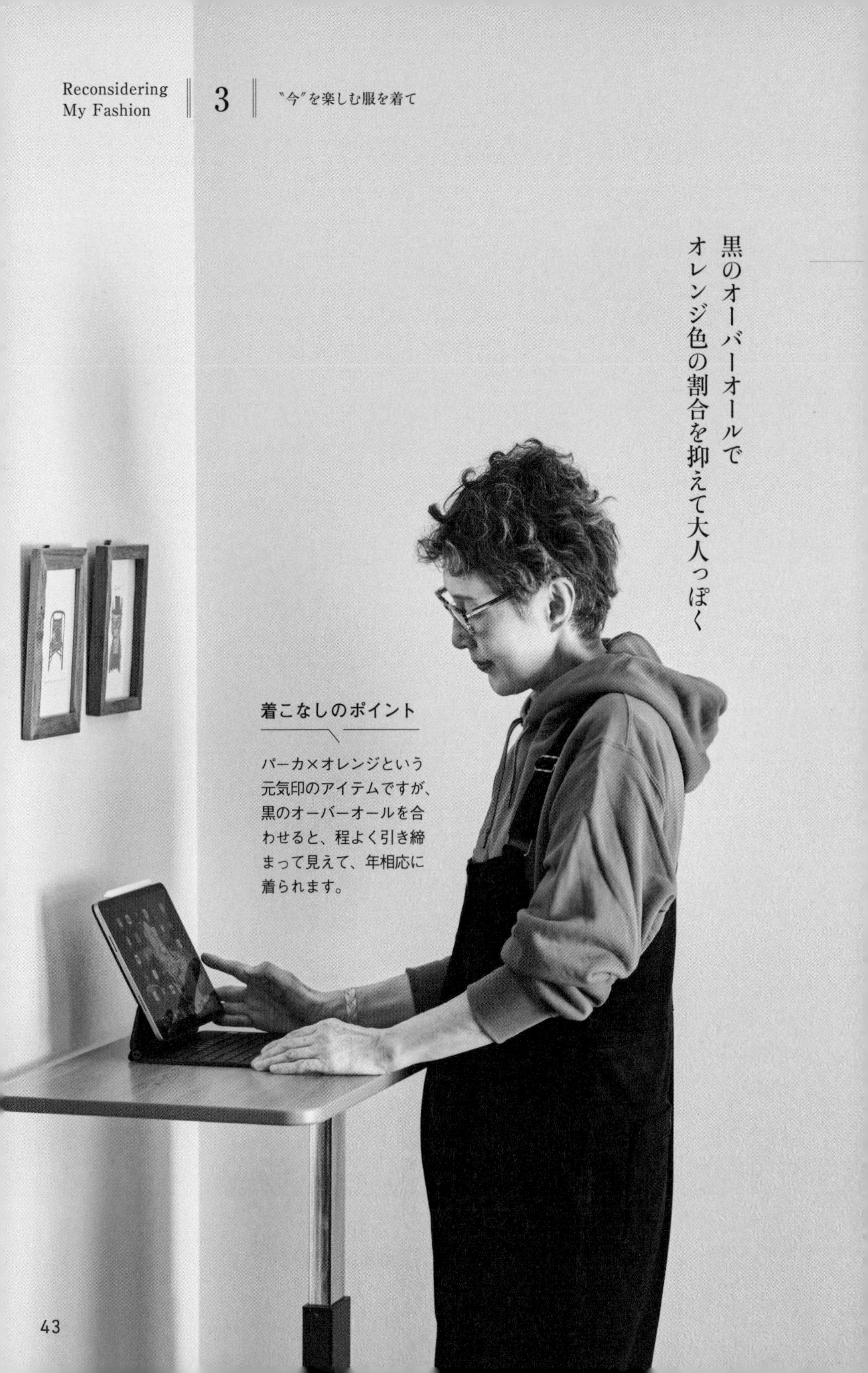

黒のオーバーオールでオレンジ色の割合を抑えて大人っぽく

着こなしのポイント

パーカ×オレンジという元気印のアイテムですが、黒のオーバーオールを合わせると、程よく引き締まって見えて、年相応に着られます。

PARKER

一見、ミスマッチに思えるような重ね着がおもしろい

アウターにパーカのフードをのぞかせるおしゃれを楽しむようになったのは、雑誌で見かけたロンドンのおしゃれスナップがきっかけ。フォーマルなコートにスポーティなパーカを合わせるのは、ちぐはぐだと思われるかもしれませんが、わたしはこの外し方が大好き。年を重ねるほど、茶目っ気を持っている人でありたいです。

コーディネートのポイント

カジュアル一辺倒にならないよう シックな色やアイテムをミックス

シニア世代が〝全身カジュアルでおしゃれ〟を成立させるのは、ちょっと難易度が高め。手ごろなカジュアルアイテムをおしゃれに取り入れるなら、シックなアイテムや色を合わせるのがおすすめ。〝パーカはアクセント〟と心得るくらいが、いいさじ加減です。

B

A

C

これを合わせました

A. Malle リサイクルウールヘリンボーンジャケット
B. サニークラウズ コーデュロイ オーバーオール
C. ユニクロC コンフィールタッチ
レースアップショートブーツ

CARDIGAN

少し華やかな自分になれる グリーンのカーディガン

派手さはないけど
鮮やかな緑が決め手

着やすさで
選ぶなら断然
クルーネック

ユニクロ
エクストラ ファインメリノ
クルーネックカーディガン

おしゃれの面だけでなく、寒さや日焼け防止対策としても活用できるカーディガンは、多くの方が1枚は持っているアイテムですよね。合わせやすさで考えると白や黒、グレー、ネイビーが人気色だと思うのですが、わたしのイチオシはグリーン。落ち着いた印象ながら、草原のような鮮やかさも持ち合わせているカラーなので、袖を通すとパッと明るく見えます。

すっかり気分をよくして、以前から持っていた春用のカーディガンに加えて、この秋用のカーディガンを買い足しました。肌タイプがブルーベースの方は、グリーンと同様の効果のあるロイヤルブルーがおすすめです。

同系色でまとめて
レディな雰囲気に

着こなしのポイント

いちばん上のボタンを開けてインナーの白Tシャツをちら見せ。グリーン×白のスカーフが、自然になじむように着方を工夫しました。

ふだんは脇役のカーディガンを たまには主役のアイテムに

家で過ごす時間が長くなると、たまに出かけるときに何を着たらいいのか迷ってしまうという相談を受けることがあります。そんな時に活用してほしいのがカーディガン。ふだんは日常着でもスカーフを加えるだけで、よそゆきの顔に。ぜひお試しあれ！

コーディネートのポイント

アクセントのスカーフの盛り具合は
パンツの色柄に合わせて

このコーディネートでは同系色のスカーフをアクセントにしましたが、それはパンツに柄が入っていたから。もし黒の無地のパンツを合わせるなら、グリーンの補色のピンク色が入ったスカーフをして、もう少し盛ってあげると、ちょうどいい塩梅に。

A

C

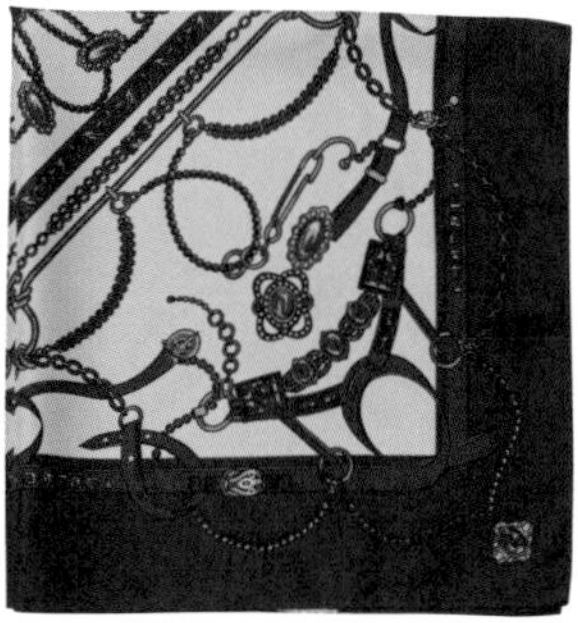

B

D

これを合わせました

A. ユニクロU クルーネックT
B. GU スカーフ
C. ユニクロ タックワイドパンツ
D. Mooi! レースアップシューズ

軽やかに羽織れる Iラインのコート

バサッと羽織れる
ラフな形が好き

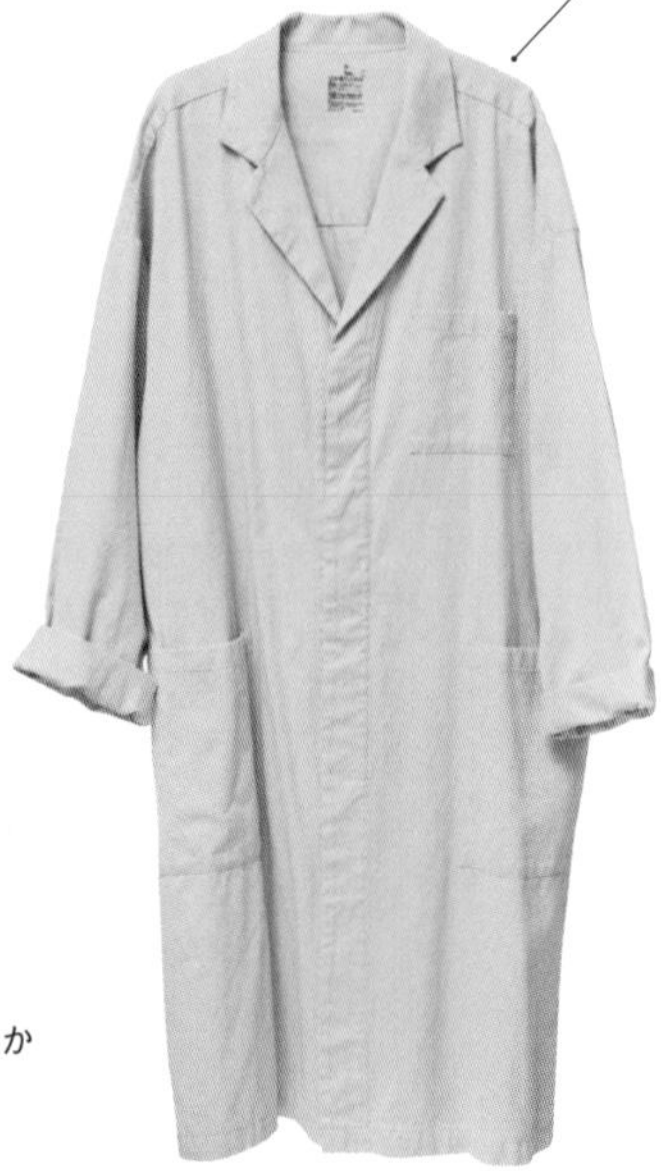

肌なじみの
いい色なら
丈が長くても軽やか

HEAVENLY
コットンツイル
バルマカーンコート

無印良品 メンズ
木の実から作ったカポック混コート
XLサイズ

ある程度、値が張るだけに悩んでしまうコート選び。そう簡単に買い換えるものでもないので〝長く着られること〟が基本条件になります。とはいえ無難なだけで選んでしまうと、おしゃれ心がしぼんでしまうので、ちょっと肌寒くなった時に、さっと羽織って外出したくなるような〝前向きになれるコート〟を選ぶようにしています。個人的な好みでいうと、ウエストマークするようなフォーマルなコートではなく、バサッと無造作に体を覆うデザインが好き。ただ、コートは面積が広くなる分、黒だと重すぎるので、顔色や春秋のやさしい景色になじむようなカラーを選んでいます。

世界で最も軽い天然素材といわれる カポック混の生地の やわらかさを引き立てて

着こなしのポイント

コートのくたっとした落ち感を生かすため、インナーもやわらかな素材を選んでみました。清潔感のある色なので、くたびれた印象になりません。

メンズサイズをダボッと着ると服に守ってもらっているような安心感が

ゆったり羽織れるタイプのコートが好きなのは、着心地が楽だから。中に着込むことも考えて1サイズ大きめのコートを選んだりしていましたが、これはなんとメンズのXLサイズ。近ごろ、メンズサイズをブカッと着るのがはやっていますが、真似してやってみると確かにかわいいシルエット。大きい服ならではの、安心感も魅力です。

コーディネートのポイント

ワントーンコーデでまとめて
カジュアルの中にも
モード感をプラス

春の日差しに映えるホワイト系のワントーンコーデをベースにしつつ、パンツの水玉と太めのフレームのめがねでアクセントをつけて全体がぼやっとしないように引き締めています。年を重ねると顔や体形などのラインがぼやけてきてしまいますが、どこかにアクセントをつけることで明るい色のコーデもキマります。

A

B

C

これを合わせました

A. 無印良品 太番手ボートネック長袖Tシャツ
B. ichi バルーンパンツ
C. コンバース オールスター
ハイカット ホワイト

COAT

コートの中に秋色をのぞかせて 秋晴れの下を歩きたい

コートを着る期間って案外長いもの。ただの防寒具ではなく、コートありきのコーディネートを楽しむことで、寒い時季も明るくす過ごせる気がします。このチャコールグレーのコートは秋色と相性抜群。澄んだ空や色づく自然との相性のよさを存分に堪能できます。

コーディネートのポイント

トラッドスタイルを着崩して
軽やかで颯爽《さっそう》とした雰囲気に

クリケットやテニス、チルデンなど呼び名はいろいろですが、Vネックの襟ぐりにラインが入ったニットが好き。これにインディゴデニムを合わせるとオーソドックスなトラッドスタイルになりますが、あえて色落ちデニムを合わせて、さわやかさを添えました。

A

C

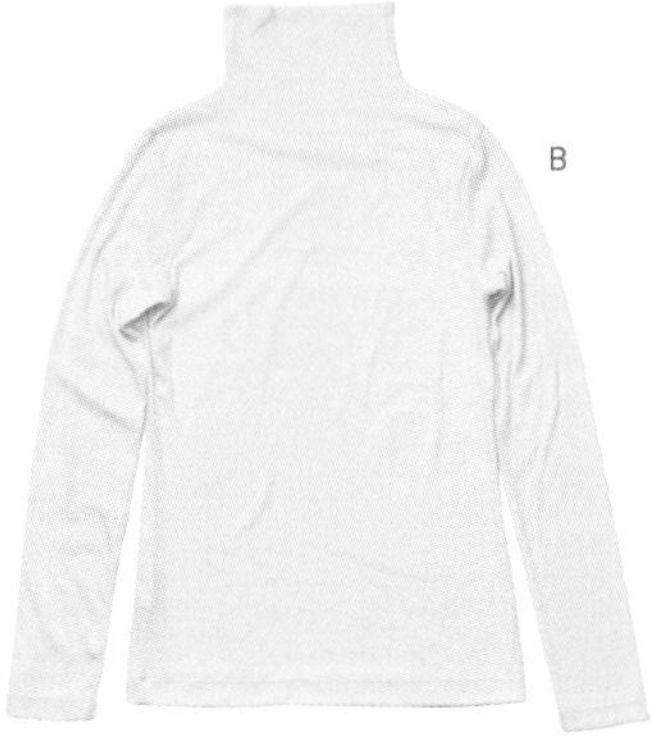

B

D

これを合わせました

A. GU メンズ
ローゲージチルデンセーター Sサイズ
B. ユニクロ シアージャージー タートルネックT
C. ユニクロ JWアンダーソン
リラックスペインターパンツ
D. Mooi! レースアップシューズ

DENIM

若々しい淡色デニムで気分を一新

程よいゆとりが動きやすい

清潔感のある色・加工がシニア層にもぴったり

ユニクロ
JWアンダーソン
リラックス
ペインターパンツ

大人世代がジーンズをはくなら絶対、濃い色。そう疑わず、長年実践してきました。社会的な立場もそれなりにあり、ちゃんとしてなきゃ、きれいに見せなきゃという気持ちが〝ジーンズ＝濃いめのストレート〟という固定観念を生んでしまったのだと思います。

それが60代になり徐々に仕事の義務から離れていくと、今までこうしなきゃと思っていた自分像が変化して、自然とカジュアル路線の服に惹《ひ》かれるようになりました。この気持ちの変化は自分でも驚きで、思いがけず新しい世界の扉が開いたよう。今は、素直におしゃれを楽しみたい。その相棒がこの淡色デニムです。

ジーンズを主役に シンプルにまとめて アクティブな雰囲気に

着こなしのポイント

シンプルな服をおしゃれに見せるには、サイズ選びが鍵。ゆるっとしたジーンズに対して、若干大きめくらいのニットがバランス的に好相性。

仕事中はジャケットを羽織って〝できる女〟を気どりたい

ジャケットとジーンズを合わせるコーディネートは、こなれた感じが魅力ですが、若いころは決まり過ぎてしまう感じがありました。ところが60代になると、遊びとしてコーディネートを楽しむことができる。こういう力の抜けたおしゃれは、今だからこそできることなのかもしれませんね。

コーディネートのポイント

定番アイテムほど 旬の形を選ぶとおしゃれ感UP

おしゃれのトレンドというと、色やアイテムの種類を想像する方が多いかもしれません。もちろんそれもありますが、今どき感はシルエットに表れるのだそう。ジーンズをはじめニットやジャケットは流行に合わせて形が変わるので、安価なものでじゅうぶんです。

A

B

C

D

これを合わせました

A. ユニクロ メンズ プレミアムラム クルーネックセーター Lサイズ
B. ユニクロ ダブルジャケット
C. CLASKA Gallery & Shop "DO" レコードトートバッグ
D. コンバース オールスター ハイカット ホワイト

PULLOVER SHIRT

春秋のひとときを リネンのプルオーバー 1枚で

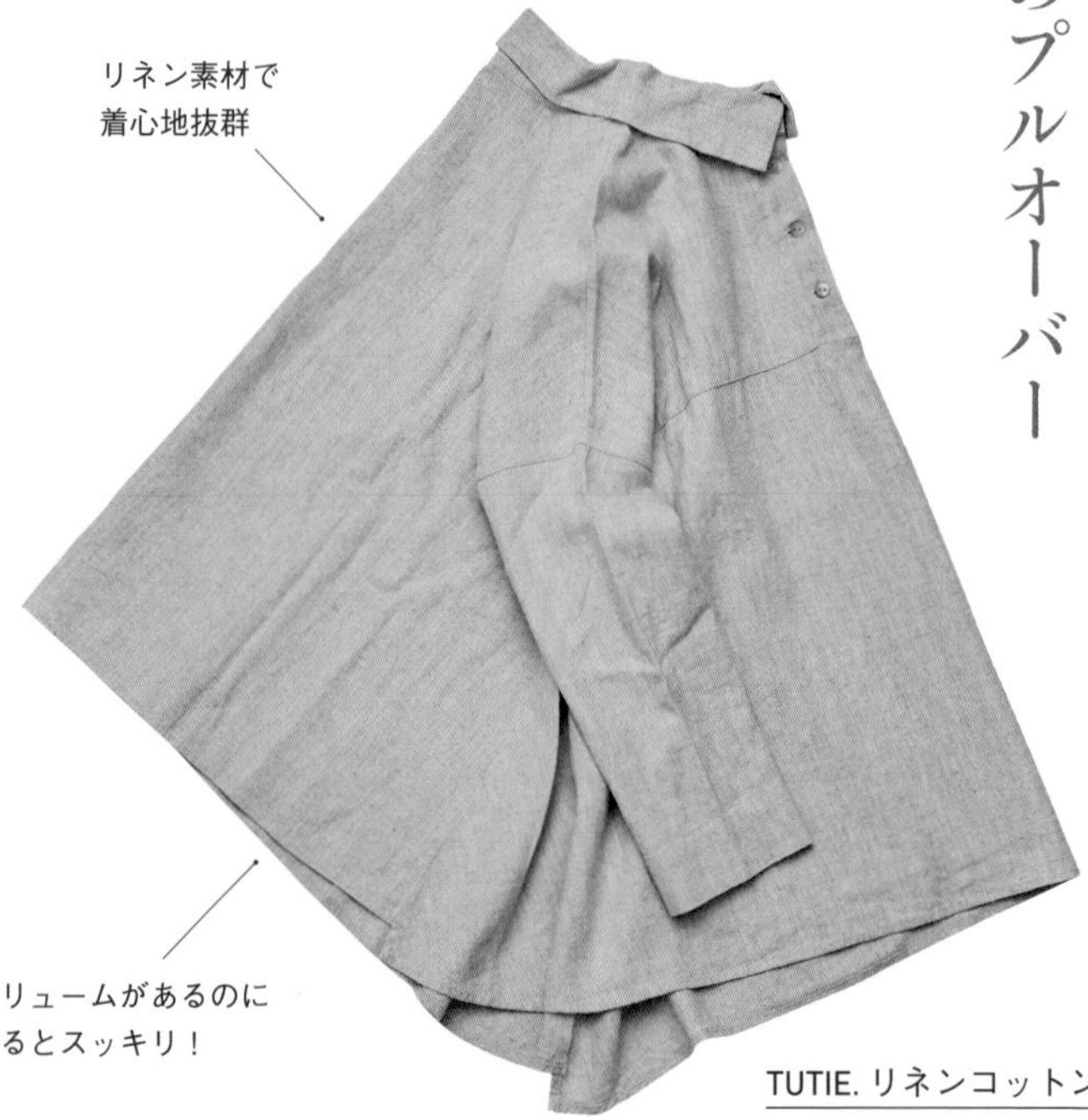
ボリュームがあるのに着るとスッキリ！

TUTIE. リネンコットン ロールカラー 2Wayブラウス

着るたびにやわらかな風合いになっていくリネン素材の服は、共に時を重ねていく楽しみもある服ですよね。年じゅう着る方もいらっしゃると思いますが、わたしはこのプルオーバーに関しては春秋限定。一瞬の季節にだけ着るぜいたくな服なのです。というのも、この服のデザインを楽しみたいから。ふわっと広がるAラインのきれいなシルエットや、左右のアシンメトリーなカッティングが、上に服を重ねてしまうと生かせなくなるので、着るときは1枚で。もったいない感じもしますが〝もうすぐこの服を着られる季節がやってくる〟という楽しみがあるのもいいものです。

裾に向かってふわっと広がる美しいAラインを着こなしの主役に

着こなしのポイント

この服の好きなところはなんといっても、エレガントなシルエット。気分を変えたいときは、同色のブローチをつけてアレンジしています。

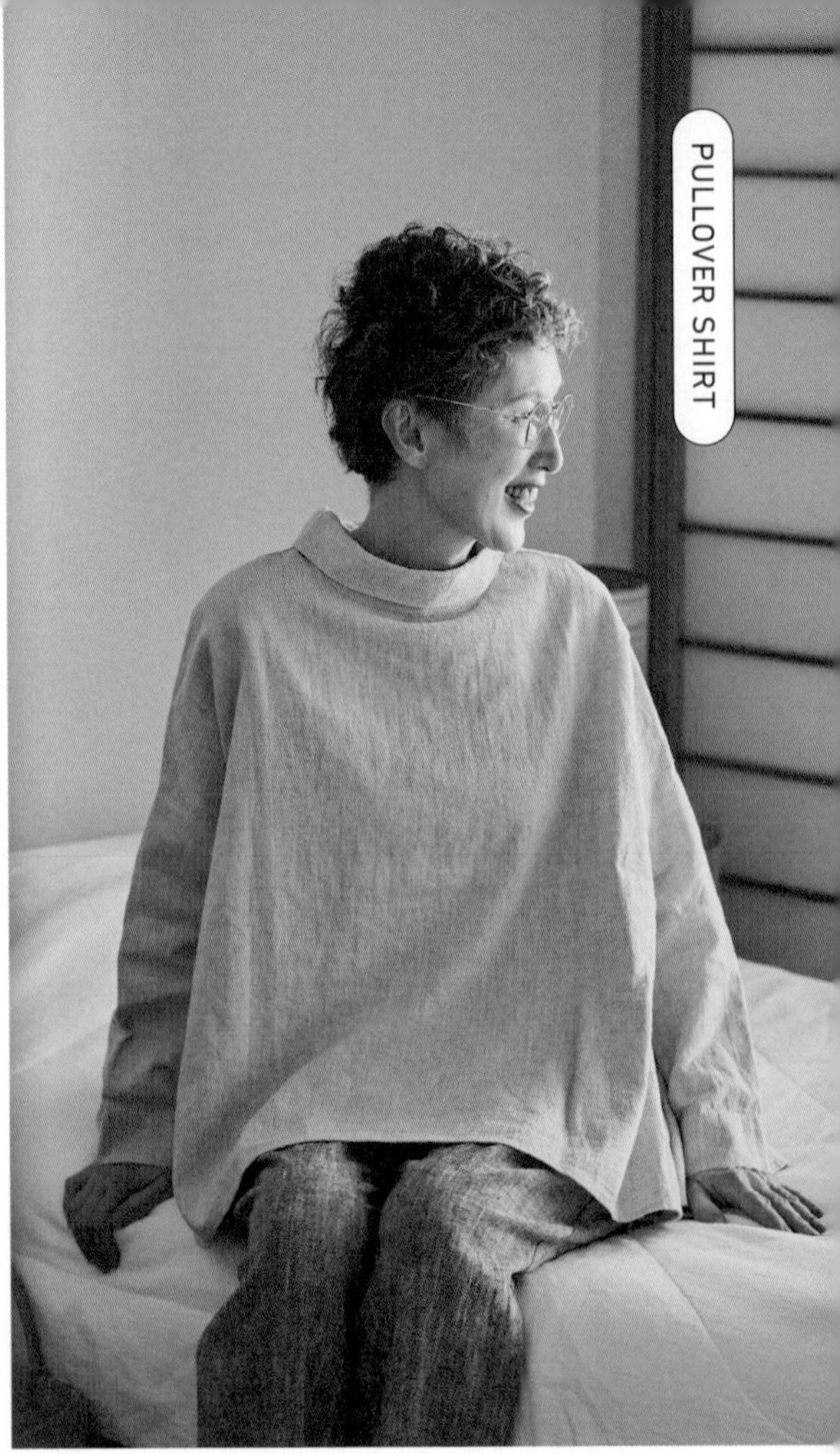

２ＷＡＹ仕様だから
前、後を逆に着るだけで
気分転換に

この服のすごいところがもう一つ。それは前後どちらを前にしても着られるということ。２ＷＡＹ仕様でも実際に着てみたら、どちらか一方に強引感があったりするものですが、この服に関してはどちらも自然。短いシーズンにとことん着るのですが、このデザインのおかげで、ちっとも飽きません。

コーディネートのポイント

ほんの少しテーパードのボトムを選べばおしゃれ感がアップ

ボリュームのあるAラインのプルオーバーは、案外バランスをとるのが難しいのかもしれません。細いパンツを合わせるときれいに決まりますが、もっとリラックスしたいときは、太めのテーパードのパンツを合わせます。ブカッとした形でも足首が細くなっていると、だらけた印象にはなりません。

A

C

B

これを合わせました

A. ねこのブローチ
B. &yarn コットンリネンデニム ワイドテーパードパンツ
C. Lintu Laulu ラミーコットン ヘリンボーン スラウチ もんぺパンツ

KNIT

単調な日々に楽しみを添える2着のブラウンのニット

顔映りのいい
明るいブラウン

PAR ICHI
ネパール手編み
カーディガン

気になる首を
隠してくれる
襟の詰まり具合が
Good!

ユニクロU
プレミアムリブ
クルーネックセーター

冬の楽しみといえば、ニットを着ること。毎年ニットに初めて袖を通す日は胸が高なります。ローゲージやハイゲージなどいくつか持っていますが、冬本番に愛用しているのはこの2着。ひとつはノルディック柄の手編みのカーディガン。もうひとつは太めのリブ編みのシンプルなセーターです。

なぜこの2着を重宝しているのか、その理由を考えてみると、まずともに明るめの茶色なので顔色が悪く見えないこと。そしてカーディガン、リブセーターともに、中に着るもので雰囲気を変えられる柔軟性があるということ。このおかげで長い冬の日々も単調になることなく乗りきれます。

柄on柄のコーデでも同じ色を拾うと自然になじみます

着こなしのポイント

柄と柄を合わせるのは避けがちですが、色に統一感があれば大丈夫。着まわしの幅を広げるなら、セーターを買うよりカーディガンがおすすめ。

KNIT

服装に悩みたくない日は〝パッと着てもおしゃれ〟がありがたい

わたしにとって〝今日は何を着よう〟と考えるのはとても楽しいことなのですが、やらなければならないことが山積みの日はおしゃれに頭がまわりません。そんなときに手が伸びるのがこのニット。何でも合わせやすくスウェット感覚で着られる、便利な一枚です。

コーディネートのポイント

手編みのカーディガンはガーリーに リブ編みのニットはボーイズ風に

ニットに何を合わせるかは、ニットの形に左右されます。手編みのカーディガンは丸みのある形なのでガーリーアイテムを。リブ編みのニットはすっきりとした形なのでボーイズアイテムを合わせてカッコよく。形の違う2枚があるとおしゃれに幅が生まれますよ。

C

D

A

B

これを合わせました

A. シャンブル・ドゥ・シャーム
茶ギンガムチェックブラウス
B. &yarn コットンリネンデニム
ワイドテーパードパンツ
C. ユニクロ コットンストライプ シャツ
D. ユニクロ ドライスウェット トラックパンツ

BLOUSON

おしゃれ探究心を刺激する お値打ちのブルゾン

ブカッとした
オーバーサイズが新鮮

あえてチェック柄が
おもしろい！

ユニクロ：C
オーバー サイズ
ジャケット

アウターは冬のお出かけコーデの主役。だからこそ〝攻めたい〟とわたしは思うのです。着まわすことを考えて無難なものを選んでしまうと、主役が不在のコーデになってしまいかねません。着まわし力をアップするのはインナーの役割。年を重ねると華やかさが欠けてしまうので、思い切ってトレンド感のあるアウターを着る方が、イキイキしていてカッコいいと思うんです。

　アウターは高価だから冒険しにくいということなら、量販店を味方につけて。これはユニクロで7990円でした。楽しんで着る。それは長く着ることと同じくらい大切なことだと思います。

トレンド感のある
シルエットを意識して
後ろ重心で着るとカッコいい！

着こなしのポイント

わたしたちの世代はボタンをきっちり閉めて〝きちんと着る〟があたりまえだったのですが、この服は襟を後ろに落として着るデザイン。抜け感が出て今どきのスタイルになりますよ。

ブルゾンのボリュームに負けない オーバーオールは好相性

着こなしのポイント

オーバーサイズのアウターを着たとき、ボトムが華奢《きゃしゃ》だと服に着られている感じになってしまうので、ボトムも大きめのものを。全体のゆるさは革靴で引き締めましょう。

どこへ行くにも車の生活
おしゃれで、さっと羽織れる
ショート丈のアウターが助かります

私は一般的に人気のあるフリースやダウンを持っていません。冬でも防寒をさほど気にせずおしゃれを楽しめるのは南国・高知に住んでいるという土地柄もありますよね。ただ、車中心なので羽織りやすいアイテムが必須。ロング丈のコートも好きですが、ふだんよく着るのはショート丈。スーパーに行くのもこんな服装です。

BLOUSON

ブルゾンとスカートの間に白を挟んで後ろ姿も抜かりなく

60代になると体型にいろいろな変化がありますが、どの人にも共通して〝後ろ姿が寂しく見える〟と感じています。だから、後ろ姿にアクセントをつけるようにしているのですが、アウターの裾からチラッとインナーを見せるだけでも、効果的。マフラーを巻いてアクセントにしてもよさそうです。

コーディネートのポイント

カジュアルときちんと感のバランスを考え、足元は革靴で

アウターがカジュアルな分、どこでおしゃれ感を出すかというと、それは足元。お出かけの時は革靴を履いてフォーマルさを加えます。また、スカートスタイルのときは、足元にもブルゾンに釣り合うボリュームが必須。その点、ブーツならぴったりです。

A

F

D

B

E

C

G

これを合わせました

A. ユニクロ：C ソフトニットハイネックセーター
B. KURASHI & Trips PUBLISHING プリーツスカート
C. ユニクロ：C コンフィールタッチ レースアップショートブーツ
D. ユニクロ メンズ プレミアムラム クルーネックセーター Lサイズ
E. CLASKA Gallery & Shop “DO” レコードトートバッグ
F. サニークラウズ コーデュロイ オーバーオール
G. Mooi! レースアップシューズ

JACKET

紺のブレザーで学生気分を満喫

学生服を彷彿《ほうふつ》させる
金ボタンがポイント

おしりが隠れる
長めの着丈がうれしい

ユニクロ
ダブルジャケット

今、わたしの中で熱いスタイルが、アイビールック。１９５０年代にアメリカの名門私立大学の通称「アイビー・リーグ」の学生の間で広まったスタイルで、日本では１９６０年代に流行し、今ではひとつのスタイルとして定着していますよね。

中でも代表的なアイテムで、女性も取り入れやすいのが、紺色のブレザーとローファー。もともとトラッドな路線は好みなのですが、ユニクロのセールで３０００円ほどで売られていたブレザーを見かけて、学生になってみたいという想いがよみがえりました。格好だけではありますが、夢がかなうのはうれしいものです。

タータンチェックの スカートで スクールガールを気どって

着こなしのポイント

ふだんからニットやパーカに合わせているチェックのロングスカートが、紺ブレにぴったり。靴下はマスタード色にして、遊びを加えてみました。

JACKET

ブレザーとリュックを図書館通いのマイ制服に

アイビールックでキメて、通っているところがあります。それは図書館。学生らしい服装と図書館という空間でなんちゃってキャンパスライフをエンジョイしているというわけです。バッグはｉＰａｄがすっぽり入るリュックが定番。ブレザーに袖を通すと、気分はもう学生です。

コーディネートのポイント

靴をグレーで外して 遊び心のあるスタイルに

なりきりルックとはいえ、どこかに自分らしさを忍ばせるために、グレーを加えてみました。ブラックを合わせるといかにも正統派という感じですが、グレーなら真面目感が中和されて、ほどよい感じに。やわらかな雰囲気に見えるのも気に入っています。

C

D

A

B

これを合わせました

A. GASTON LUGA バックパックスプラッシュ 2.0-13"
B. HARUTA × Cassure スコッチガードスムースレザー コインローファー
C. ユニクロ メンズ プレミアムラム クルーネックセーター Lサイズ
D. ichi タータンチェックロングスカート

JACKET

ベストを重ねて着方を変えると気分上々

ボタンまで同素材で
スッキリスマート

デニム素材は
どんなトップスとも
相性よし

&yarn
コットンリネンデニム
Vネックベスト

極端なことをいうと、ベストはなくても日常に差し障りはないのかもしれません。着ていてさほど暖かいというわけではなく、防寒のためならほかにもいいアイテムはあるでしょう。ですが、これがないとつまらない。私の日々のコーディネートの中でベストは料理のトッピング的な役割を担っているのです。見慣れた着こなしの上に重ねるだけで雰囲気が変わるし、それによって気分も変わる。そういうところがベストの魅力。

デザインや素材はそのときどきで気になったものを選んでいます。シニア層にとっては、体型カバーにもなるというオマケがついているのも魅力です。

デニムとデニムの間に白を挟めば
デニムオンデニムも
違和感なく着られます

着こなしのポイント

ベストの楽しいところは重ね着することで、色や重さのさじ加減ができるところ。上下のデニムで白シャツをサンドすると抜け感が出ていい感じ。

シニアのおしゃれは ちょっと〝盛る〟くらいが ちょうどいい

おしゃれは引くこと、マイナスすることが基本といわれますが、それは若いころの話。年を重ねると、少し盛るくらいがおしゃれに見えるコツではないかと思います。たとえばこの服装もシャツとロングスカートだけでは少々ぼんやりとして見えますが、デニムのベストを加えると全体が引き締まり、パッと目をひくコーディネートに。

コーディネートのポイント

シンプルなベストには
襟元にボリュームのあるブラウスを

このデニムのベストは、俗にいう〝おじさん〟アイテム。なんでもないTシャツやシンプルなカットソーの上に重ねると、やぼったい着こなしになってしまいますが、レースやフリル襟のブラウスで華やかさを添えてあげると、デニムのベーシック感が生きてきます。

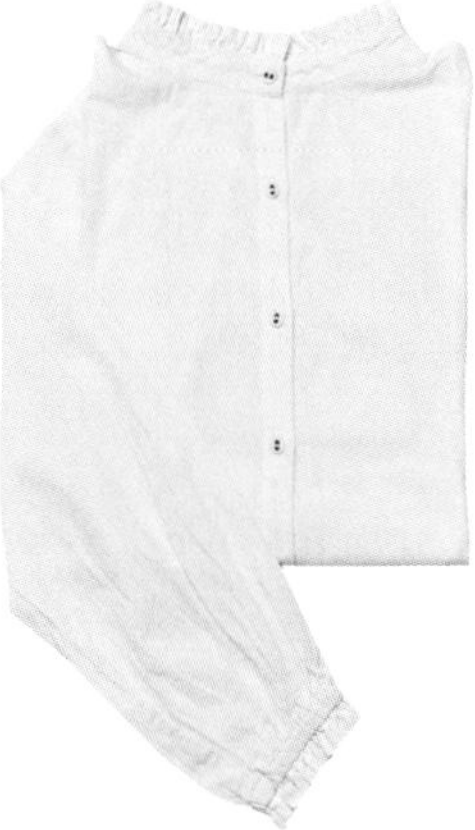

A

B

D

C

E

これを合わせました

A. Lintu Laulu コットンプリーツネックブラウス
B. SHOO-LA-RUE ベレー帽
C. l'atelier du savon ギンガムチェックスカート
D. &yarn コットンリネンデニム ワイドテーパードパンツ
E. コンバース オールスター ハイカット ホワイト

LOGO T-SHIRTS

遊び心のある ロゴTシャツで たまにははじけたい！

ユニクロ
レジェンズ・オブ・グラフィックスUT
ハーブ・ルバリン

少し厚手の生地なら
きれいに着こなせる

ブラックのロゴは
引き締め効果も

サニークラウズ
ロンT
（かっこいい長袖Tシャツの会）

街中でヴィンテージのプリントTシャツをさらりと着ている人を見かけるとカッコいいなぁと目で追ってしまいます。マネしたくても60代でヴィンテージをクールに着こなすのはハードルが高いんですよね。でも、ヴィンテージのような遊び心のあるTシャツを着てみたい。その気持ちを満たしてくれたのがロゴTシャツでした。胸にプリントされた大胆なロゴがオーソドックスな服にパンチを入れてくれて、ちょっぴりいつもと違う自分になれるような感じがします。無地の服にはない高揚感。それは何かしらプリントされた服を選ぶということ自体が、自己主張だからかもしれません。

前だけインして シルエットに表情をつけると 体形カバーになりますよ

着こなしのポイント

白シャツ1枚ではもの足りなく感じてしまう年代ですがロゴTなら大丈夫。Tシャツの裾を前だけパンツに入れてメリハリをつけるとさらによし。

LOGO T-SHIRTS

ロゴをのぞかせて カッコよく たまのお出かけ いつもと違う自分を 楽しもう

ふだん着の印象の強いデニムでもジャケットを羽織ればクールなお出かけスタイルに。中に合わせるものできれいめにも着られますが、近頃はロゴＴシャツを忍ばせて、ジャケットの隙間からロゴをチラリとのぞかせるユーモアのある着方が気に入っています。

A

コーディネートのポイント

フォーマルなアイテムと組み合わせて茶目っ気のあるロゴを引き立てて

1枚でもおしゃれな印象のロゴTシャツですが、仕立てのいいフォーマルなアイテムと組み合わせると、ロゴのポップさがより際立ち、コーディネートのアクセントになってくれます。アクセサリーを加えなくても華やかな雰囲気になるのがうれしいところ。

B

D

C

これを合わせました

A. ユニクロ
イネス リネン
コットン
ジャケット
B. Gallery & Shop “DO”
レザーベルト
C. ユニクロ
イネス デニム
タック ワイド
パンツ
D. ユニクロ
バギージーンズ

COLORED T-SHIRTS

好きな色のカラーTシャツで今日を元気に

小さめの襟ぐりが
気になるデコルテを
隠してくれる

短め丈なら、
普通に着ても
様になる！

ユニクロ
クルーネックT

年々暑さが増す日本の夏。猛暑日は体にこたえてしまい、正直、おしゃれどころではありません。なるべく涼しく過ごしたいし、ラフな格好でいたい、となるとTシャツですよね。私はプリントが入った服を着るのも抵抗がないので、Tシャツもいろいろなテイストのものを着ていますが、プリントが苦手という方はカラーTシャツを取り入れてみるのはいかがでしょう。60代になると白Tシャツは何か上に服を羽織らないと心もとない感じがしてしまいますが、カラーTシャツは、色に焦点が合うので体形が気にならなくなります。好きな色を身につけると気持ちも明るくなりますよ。

難しいことは何もなし！ 好きな色を楽しむシンプルコーデ

着こなしのポイント

大きめのTシャツもかわいいのですが、合わせるボトムや着方に工夫が必要なので、おすすめは着丈の短いタイプ。〝1枚でおしゃれ〟が便利です。

変化をつけたいときは
ベストをオン。
カラーTシャツでも
飽きずに着られます

色ものは合わせづらいのではとか、飽きてしまうのではといった不安を耳にすることがあるのですが、脇役にもなってくれるから、着こなしの幅も広く、長く着られるアイテムだと思っています。色を意識し過ぎず、白Tシャツの代わりに着てみると、新鮮な着こなしになりますよ。

コーディネートのポイント

トップスがシンプルな分
ボトムでさまざまなスタイルに挑戦！

カラーTシャツは、色が個性的でもベーシックな形のものを選ぶと、いろいろなテイストのボトムと合わせられます。もし合わせてみて、日常感や体操着感が強すぎるようなら、ベストを合わせたり、ここでは登場していませんがベルトを足すのもおすすめです。

C

D

A

B

これを合わせました

A. ユニクロ メンズ ウォッシャブル オーバーサイズVネックベスト
B. CLASKA Gallery & Shop “DO” レコードトートバッグ
C. ユニクロ ドライスウェット トラックパンツ
D. &yarn コットンリネンデニム ワイドテーパードパンツ

BAKER PANTS

ベイカーパンツで
ボーイにもガールにも

ダボッとした
大きめサイズが
かわいい
折り返せる
余裕があると
アレンジ自在

ベティスミス
ベイカーパンツ

それ自体に存在感がありながら、ほかのアイテムともケンカしない。これがカーキ色のパンツの魅力だと思います。シンプルなシャツを合わせてもカッコいいし、個性的なアイテムを合わせてもほどよく中和してくれる。そんな使いやすさから、このパンツは15年以上も愛用しています。

一見、カーゴパンツに見えますが、これはベイカーパンツ。カーゴパンツのようにポケットが外に張り出ていないので、形はスマート。シニア世代にはこれくらいのミリタリー感がちょうどいい。カッコよくも、かわいくも、なりたい自分に変身させてくれる魔法のパンツです。

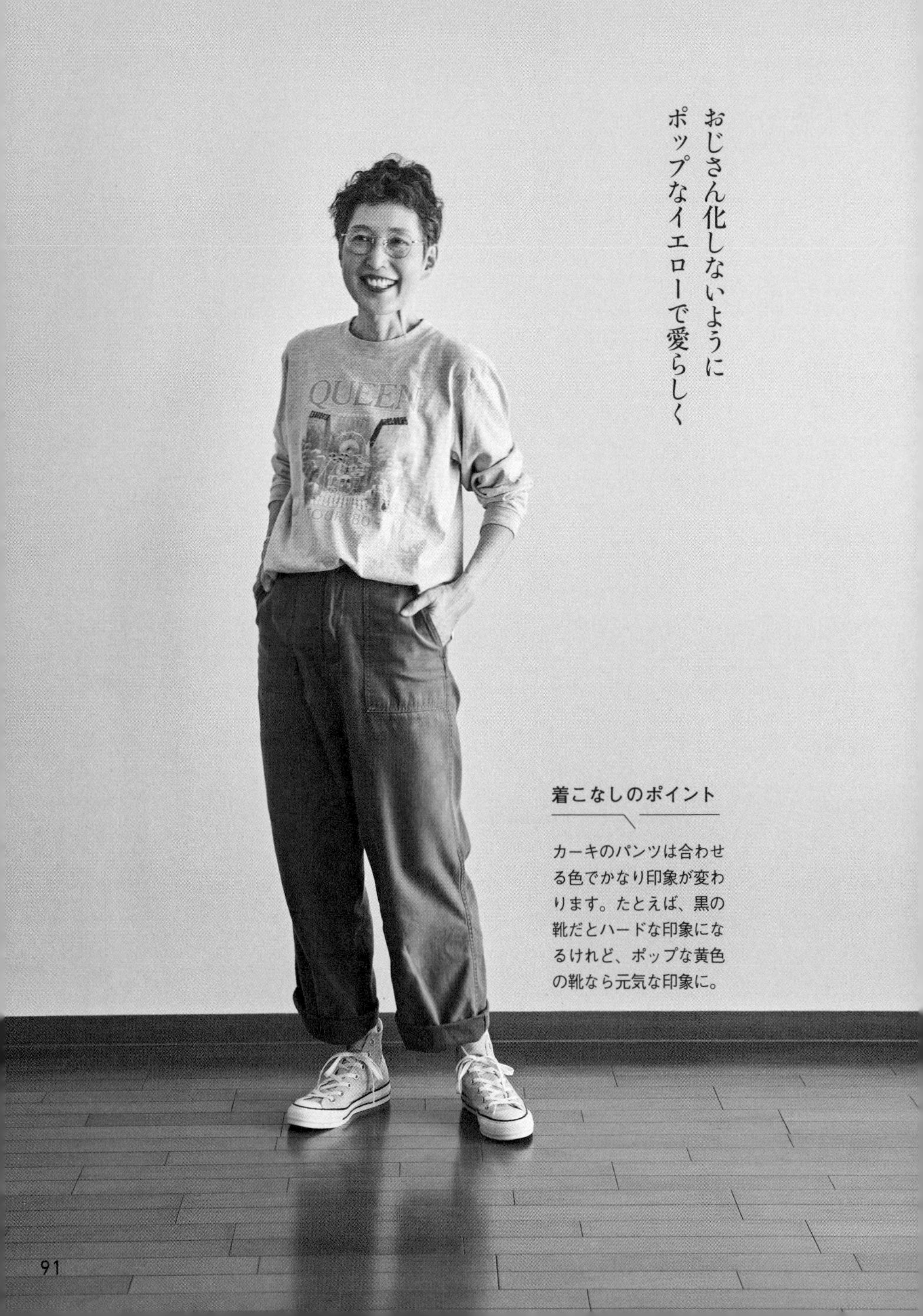

おじさん化しないように ポップなイエローで愛らしく

着こなしのポイント

カーキのパンツは合わせる色でかなり印象が変わります。たとえば、黒の靴だとハードな印象になるけれど、ポップな黄色の靴なら元気な印象に。

BAKER PANTS

ディテールに
かわいいをとり入れて
〝うふふ〟な気分を日常に

朝、その日着る服を選ぶときは、気分を盛り上げるための服を選ぶこともあれば、着たいアイテムありきでコーディネートを考えることもあります。この日は後者。プードルのようなモコモコのジレを武骨なベイカーパンツに合わせて遊んでみたくて。可愛さが程よく緩和されていい感じ。こんな発見もおしゃれの醍醐味《だいごみ》ですよね。

コーディネートのポイント

カーキのパンツはカメレオン！ 個性的なアイテムを合わせて 独創的に

ミリタリー色の強いカーキのパンツは単体で見るとラフでボーイッシュな印象ですが、きれいなレースのブラウスやベルト、革靴といったフォーマルな小物ともなじんでしまう変幻自在さが魅力。思い切って大胆なアイテムを合わせると発見があるんですよね。

C

D

E

F

A

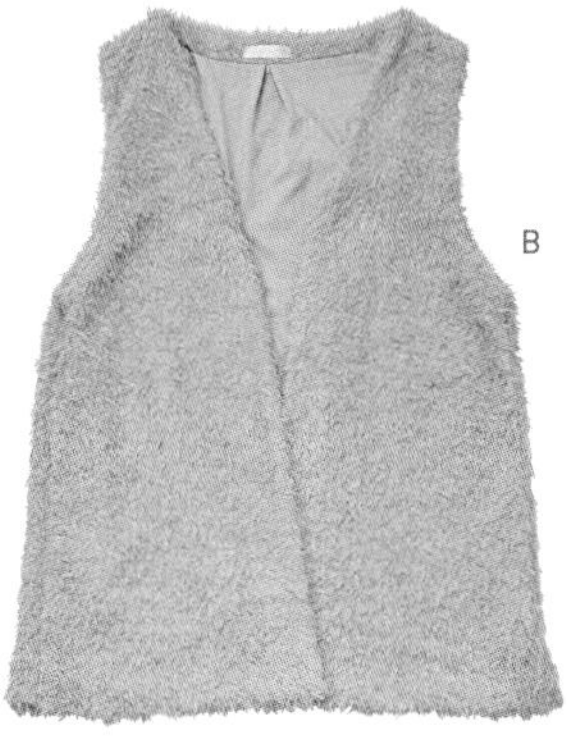
B

これを合わせました

A. ローリーズファーム BANDTEELS
B. SHOO-LA-RUE フェイクファージレベスト
C. PAR ICI 刺しゅう襟ブラウス
D. ユニクロ クリーンベルト
E. Mooi! レースアップシューズ
F. コンバース オールスター ハイカット イエロー

GATHERED SKIRT

歩くたびに胸がときめくギャザースカート

無地感覚で着られる
主張しすぎない小花柄

細かいタックで
着膨れ知らず

しまむら
プリントギャザースカート

若いころはよくはいたスカート。好きなアイテムではあるのですが、日常ではパンツスタイルが定番になりました。周囲の諸先輩方を見てみてもスカートをはいている方は少なく、これからのことを考えるともうあまりスカートはいらないのかもと思っているのですが、だからこそ、今のうちに楽しみたい。この夏、可憐で優雅なこの小花柄のスカートに出会って、その思いを強くしました。はいていて心高鳴るのはもちろん、上品にもラフにも着こなせるので楽しいんですよね。ふだんパンツ派の人がたまにスカートスタイルを楽しむなら、こんな着まわし力のあるスカートがおすすめです。

ネイビーとグリーンの配色は モダンに華やぐ 大人の組み合わせ

着こなしのポイント

スカートならではのフェミニンさは残しつつ、ネイビーとグリーンの組み合わせで知的な雰囲気に。派手になりすぎず、大人っぽく着られます。

フォトTを合わせて 小粋に着崩す 気どらない日の スカートスタイル

〝小花柄には無地のTシャツ〟と思っていたのですが、フォトTシャツを合わせてみたら、思いのほかぴったりで。近頃はスカートをはくのは、お出かけのときだけになってしまいましたが、こんなカジュアルなスタイルで近所のスーパーに行くのも楽しそう！

D

コーディネートのポイント

ネイビーのスカートを白でサンドして軽やかに、さわやかに

ともすると重たくなりがちなネイビーベースのロングスカートですが、トップスと靴を白にすると春夏にぴったりな軽快なスタイルに。長身で小花柄を着るとぼやけてしまうという人は、ネックレスで上半身にアクセントをつけてあげるといいですよ。

E

A

H

G

F

B

C

これを合わせました

A. ユニクロ セレブレイティング ソフィア・コッポラUT グラフィックTシャツ
B. GU リネンブレンド コンパクトベスト
C. 無印良品 レザーフラットシューズ
D. ユニクロ クルーネックT
E. ユニクロ UVカット クルーネックカーディガン
F. GU 銀色と透明ビーズのネックレス
G. GU ターコイズ風ネックレス
H. コンバース オールスター ハイカット ホワイト

OVERALL

おしゃれ心を満たしてくれる サロペット

女性らしさを
醸し出す華奢な
ストラップ

小さな変形水玉柄が
黒の重たさを軽減

&yarn
オリジナル抜染
ドットプリント
サロペット

今までのオフィスカジュアルとはひと味違ったおしゃれを楽しみたいけど、何を着たらいいのかわからない。サロペットはそんな変革期に役立つアイテムだと思います。難しい着まわしは不要で着心地は楽。しかも体形カバーもかなうので、シニア世代にもやさしいアイテムなんですよね。

なかでもおすすめはテーパードタイプ。ウエストやヒップが大きめに作られている分、裾までワイドだとバランスをとるのが難しいのですが、テーパードなら自然ときれいなシルエットに。ラクな服はたくさんありますが、それだけでは気分は上がりません。すてきと思える服が日常には必要です。

ダークカラーでまとめて大人のリゾートスタイルに

着こなしのポイント

ぽってりとした形が愛らしいサロペットですが、カジュアルすぎると子どもっぽくなってしまうので、ダークカラーを選ぶとちょうどいい塩梅に。

リラックスしたい日は締め付け感のないおしゃれを楽しみたい

私の住んでいる町から海までは車で10分ほど。ときどき気分転換に海へ行きます。そんなときにもこのサロペットがちょうどいいんですよね。風を通してくれるから気持ちいいし、風にあおられても裾もめくれない。リラックスしてすごすのに最適な一枚です。

コーディネートのポイント

パリジェンヌのように
小物使いで夏のリゾートスタイルに

フランスの方って、シンプルな服に小物使いで個性をプラスしたり、見慣れたコーデに変化を加えるのがお上手ですよね。それにならって帽子とサンダルで季節感を添えてみました。ネックレスも暑苦しくないシンプルなものを。合わせるものを変えれば春秋もサロペットスタイルを楽しめそうです。

A

B

D

E

C

これを合わせました

A. Kクラフト 麦わら帽子
B. OSEWAYA ネックレス
C. CLASKA Gallery & Shop "DO" レコードトートバッグ
D. 無印良品 フレンチスリーブTシャツ
E. Onitsuka Tiger レビラックサンダル

〝若い人が着る服〟という思い込みを捨てたらおしゃれの幅が広がりました

よく行くショッピングモールに、好みの服がたくさん並ぶお店がありました。気になりつつも若い人向けかもと、外から眺めるだけだったのですが、ある日立ち寄ってみたら、スタッフの方がとても感じがよくて。年齢の壁をつくっているのは自分自身だったと気づきました。チャレンジすることでおしゃれに新しい風が吹くと実感し、それ以来どんなお店にも臆せず入れるようになりました。

かわいい服を着るきっかけをつくってくれた「シャンブル ドゥ シャーム高知店」は今でも大好き。最近買ったお気に入りは、このケープ！

4章

Reconsidering
My Fashion

服に合わせてメイクもアップデート

ただ今、
メイクを研究中

メイクの小技を〝知る〟のが楽しくて ちょっとしたことで自分に自信が持てるように

50代後半の一時期、私はメイクから遠ざかっていました。塗れば塗るほど老けて見える気がしたのです。その心境のまま新型コロナの予防でマスク生活が続き、ノーメイクで過ごす日々が当たり前になっていました。このままメイクは卒業しようかと考えていたら、通っているヘアサロンのメイクアップアーティスト・高橋絵里さんから「こうしてチークで血色をつくってあげるだけで、イキイキとして見えるからやってみて」と、小技を教わりました。やってみると確かに違います。〝ちょっとしたテクニックを覚えるだけで好きな自分に近づける〟という実感がメイクの楽しさに気づかせてくれました。最近は、高橋さんやコスメの販売員さんに教わりながら、肌を明るく見せるコンシーラー使いを習得中。若いころとはちょっと違う、この年だからこそのメイクを研究するのにハマっています。

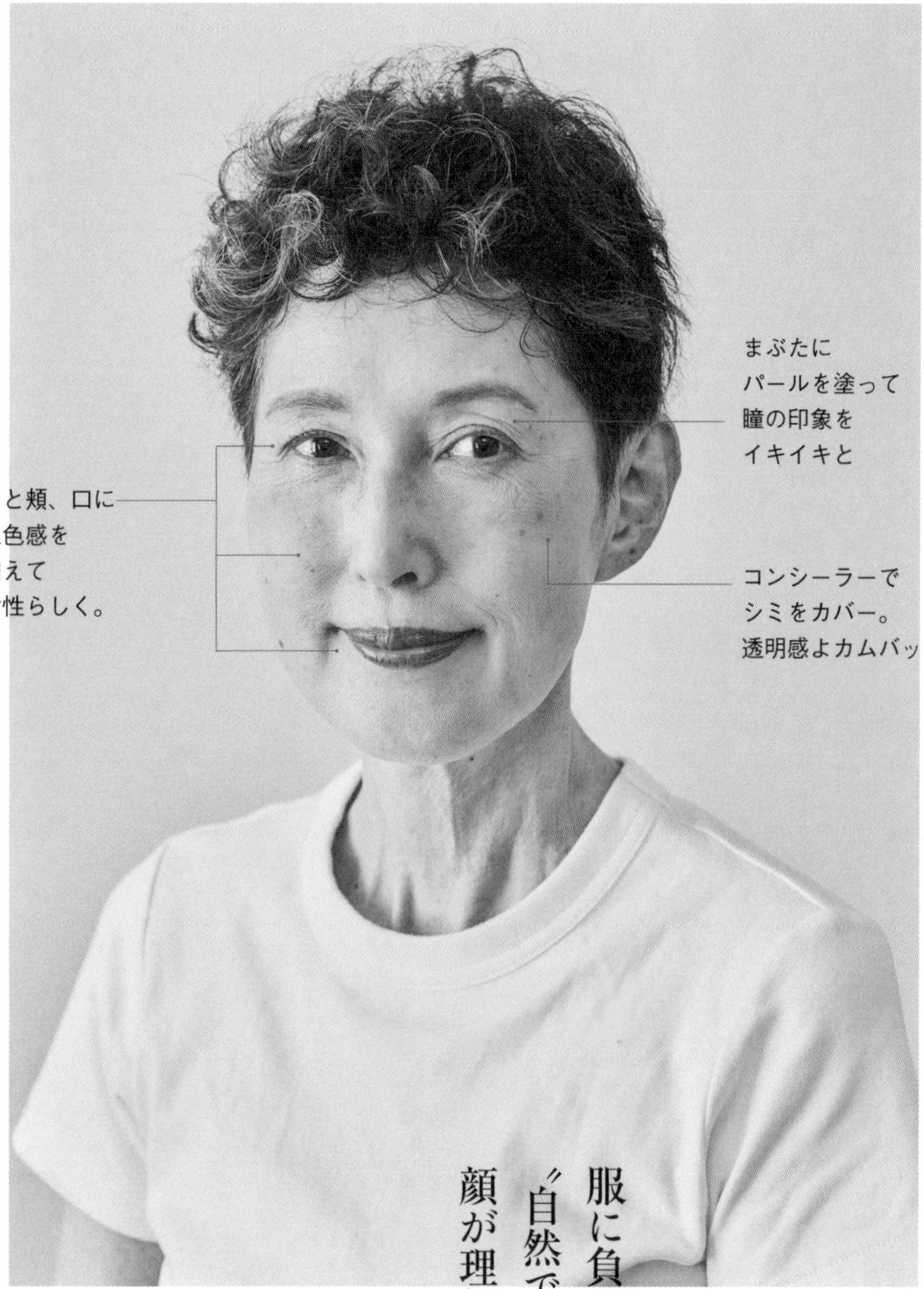
パールを塗って
瞳の印象を
目と頬、口に
血色感を
加えて
女性らしく。
透明感よカムバック！

服に負けない〝自然で華やか〟な顔が理想です

目指すは、くすみのない華やかな肌

シミやクマをコンシーラーでカバーしつつ
クリームチークで血色感を仕込んでいます

以前は下地のあとすぐにファンデーションを塗っていたのですが、コンシーラーでシミをカバーしてみたら、以前より顔色が明るく、クリームチークの色も映えるようになりました。完全に隠れるわけではありませんが、自然な感じが理想なので、厚塗りにならないように気をつけています。

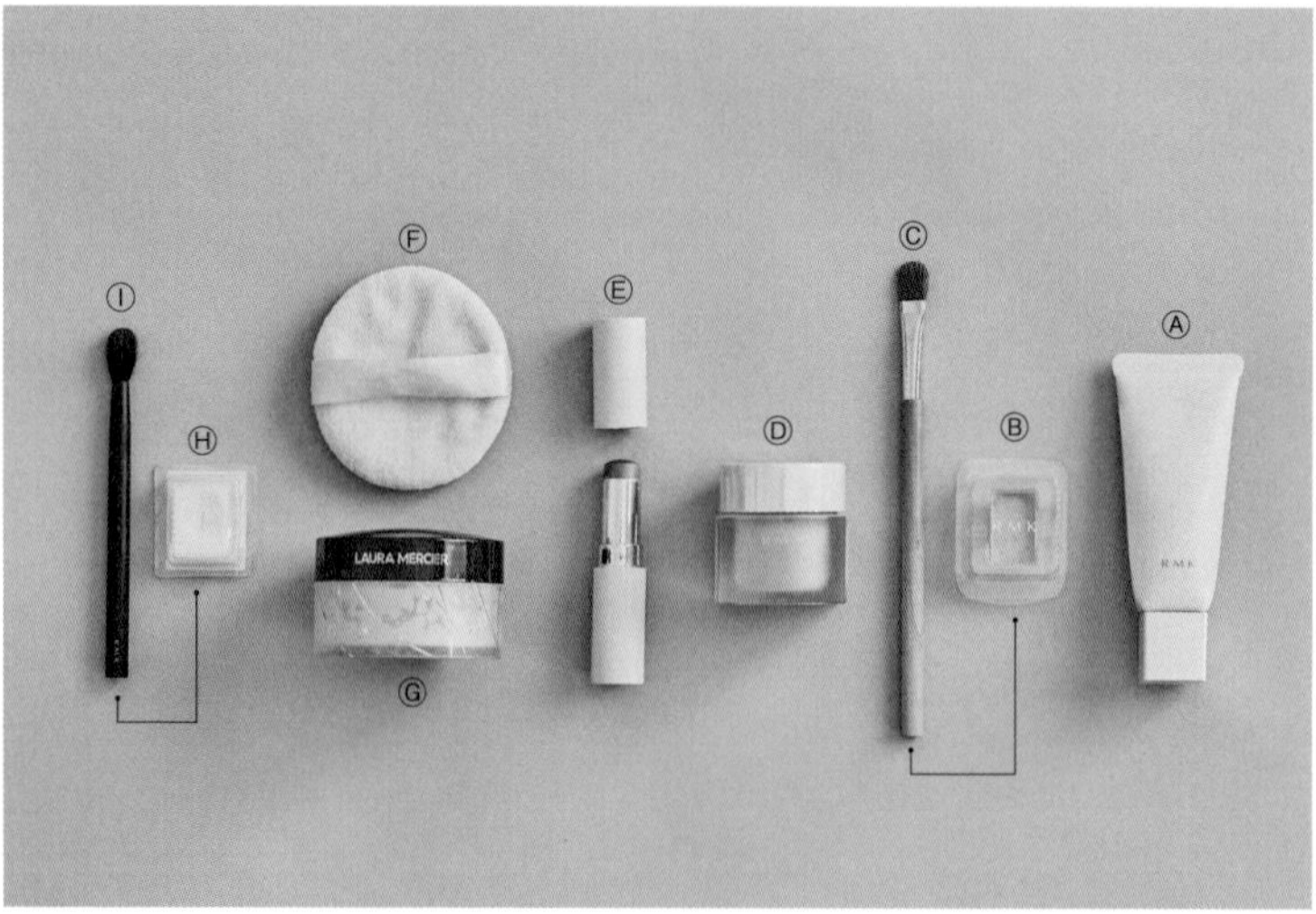

これを使いました！

Ⓐ [RMK] スムースフィット ポアレスベース 02
Ⓑ [RMK] フローレスカバーコンシーラー 03
Ⓒ ブランド不明　マルチに使っているブラシ
Ⓓ [RMK] クリーミィファンデーション EX 102
Ⓔ [RMK] カラースティック 01 フロスティーローズ
Ⓕ [セリア] もちもちパフ
Ⓖ [ローラ メルシエ] ルースセッティングパウダー トランスルーセント
Ⓗ [シュウ ウエムラ] プレスド アイシャドー M ホワイト 907 B
Ⓘ [RMK] アイシャドウブラシ B

ベースメイク

厚化粧は老けて見えてしまうので全部を薄く重ねるようにしています

やってみたら……
うれしい発見！

1

クマやシミにはオレンジ色のコンシーラーが効果てきめん！　黒ずみがカバーでき、血色感も補えます。

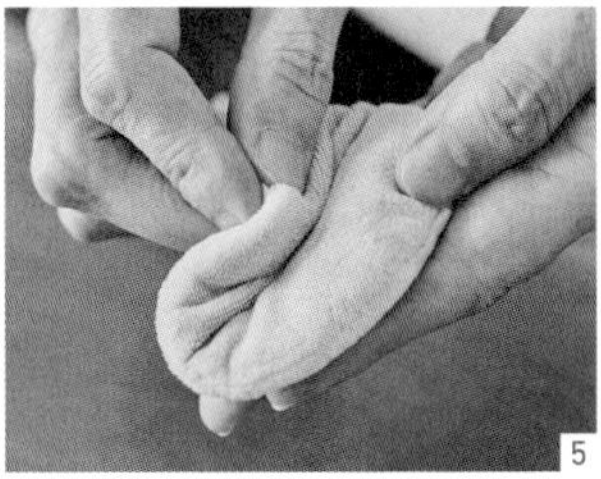
5

パウダーをパフにもみ込むことで、顔に均一につけられ、ムラのない仕上がりに。

1. Ⓐの下地を顔全体に塗り広げて。
2. Ⓑのコンシーラーを©のブラシに取ってクマや濃いシミの上に塗り、中指と薬指の腹でトントンとなじませます。
3. Ⓓのファンデーションを指に取って頬にのせ、中指と薬指の腹で広げていき、両頬が終わったら、おでこと鼻にも伸ばし広げます。
4. Ⓔのカラースティックを指に取って頬にのせ、中指と薬指の腹でトントンと楕円形に広げて。最初にチークをのせる位置は、黒目と小鼻から引いた線が交わる点というのが一般的ですが、シニア世代はもっと上の位置で大丈夫。垂れ下がってしまった頬がリフトアップして見えます。
5. Ⓖのフェイスパウダーをⓕのパフに取り、よくもみ込んでから顔にやさしく押し当ててパウダーを肌に密着。小鼻やアイゾーンなどの細かいところは、パフを折り曲げて使うときれいにつけられます。
6. Ⓗのアイシャドウをⓘのブラシに取って目の際にのせ、ワイパーのように動かしながらアイホール全体に伸ばし広げる。下まぶたは下に広げすぎず、目の際にさっとひと塗り。

ぼやけてしまった瞳に目力を！

ピンクとパールで目元を明るくふっくら見せて
仕上げはやわらかなダークカラーで引き締め

アイシャドウの単色使いをやめて、パレットから色を複数使ってみたら、くぼんだまぶたに立体感が生まれ、ふっくらしました。アイライナーやマスカラは目の印象を強めてくれる感じがします。

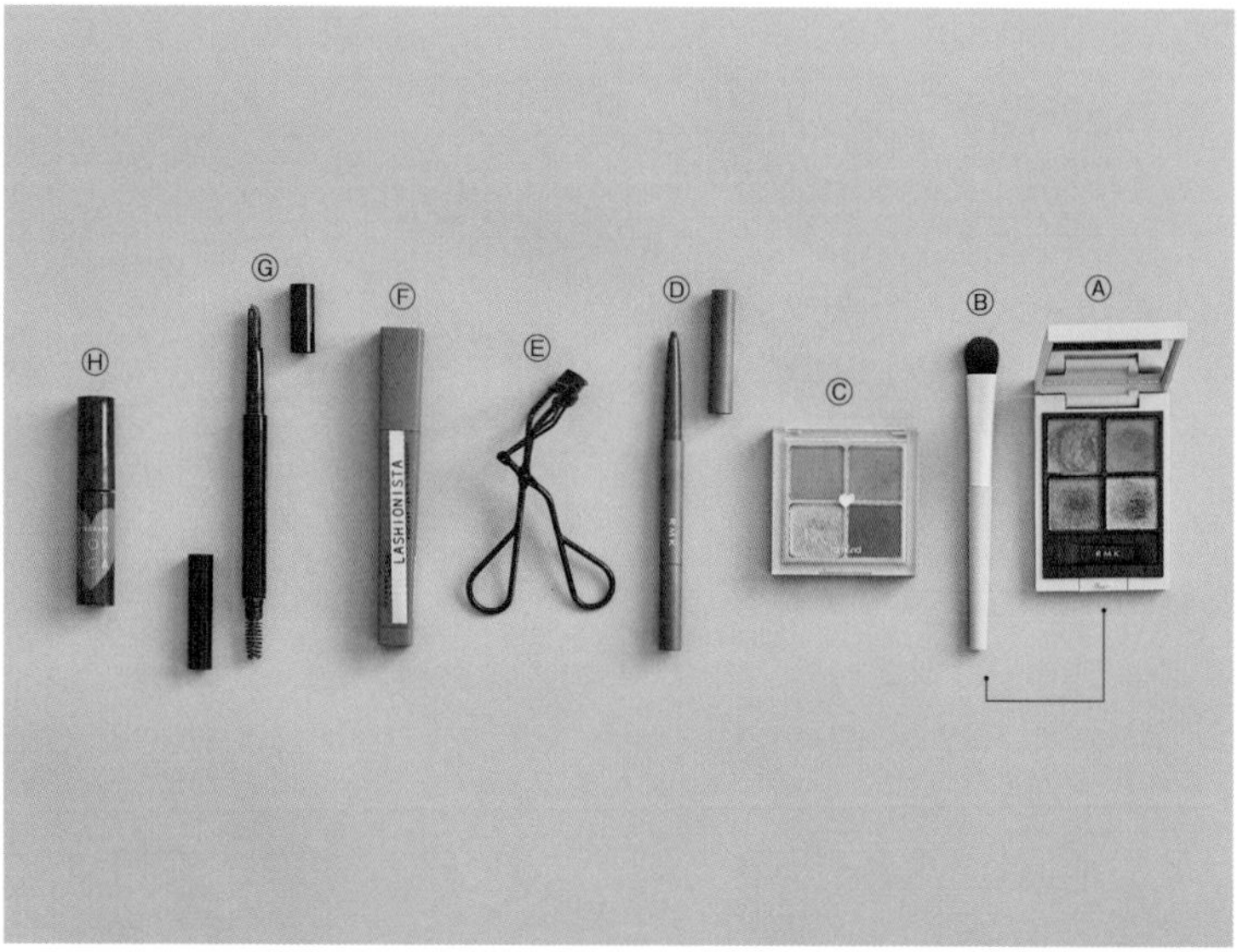

これを使いました！

Ⓐ [RMK] シンクロマティック アイシャドウパレット 03 コンパッショネイト
Ⓑ ブランド不明　アイシャドウブラシ
Ⓒ [ロムアンド] ベターザンアイズ 02 ドライローズ
Ⓓ [RMK] アイディファイニング ペンシル 03 マホガニー
Ⓔ [マキアージュ] ビューラー
Ⓕ [メイベリン] ラッシュニスタ N 03 オリーブブラック
Ⓖ [シュウ ウエムラ] ブロー スウォードナギナタ シール ブラウン
Ⓗ [インテグレート] ニュアンスアイブローマスカラ BR380

アイシャドウ&アイブロウ

複数の色・アイテムを使って目元に自然なメリハリを

やってみたら……
うれしい発見！

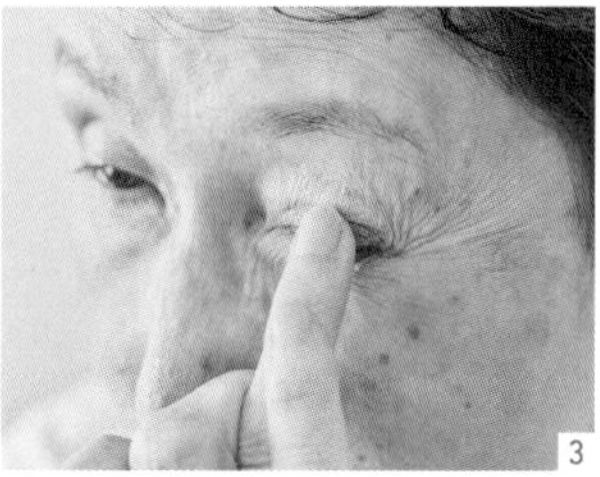
3

黒目の上にパール系アイシャドウをのせたら、ぼやけていた瞳の色がキレイに見えるようになりました。

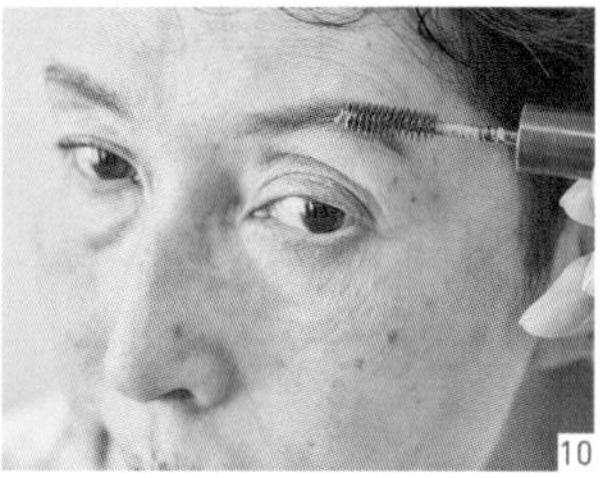
10

眉マスカラで眉毛1本1本の毛を立たせて上向きにすると、それだけで元気な印象に。

1. Ⓐのパレットの左上の色（ベージュ）をⒷのブラシにつけて、二重幅の範囲まで塗り広げます。下まぶたは目尻から目頭に向かって薄く塗ります。
2. Ⓐのパレットの左下、あるいは右上の色（茶色）を付属のブラシにつけて、目尻付近に塗ります。
3. Ⓒのパレットの左下の色（パール系の薄いピンク）を薬指の指先につけて、黒目の上にトントンと。
4. Ⓓのアイペンシルで上まぶたの中央から目尻まで線を引きます。まぶたを軽く持ち上げて描くと、なめらかな線が描けますよ。
5. Ⓔのビューラーでまつげを上げます。
6. Ⓕのマスカラを上まつげに塗って。
7. Ⓖのスクリューブラシで眉毛の毛流れを整えます。
8. Ⓖのアイブロウペンシルで眉毛を描き足します。毛流れに沿って、上の毛は下に向かって、下の毛は上に向かって描くと、真ん中の部分がいちばん濃くなり、自然な濃淡に。
9. Ⓖのスクリューブラシで描いた線をぼかしてなじませて。
10. Ⓗの眉マスカラをつけて、毛流れを整えます。眉マスカラは明るい髪色に合うように茶色を使っていますが、眉頭の毛を立たせるのが目的なので透明でもよさそうです。

唇と頬にも血色感をプラスして
華やかでハリのある顔に

アイメイクとのバランスを見ながら
唇と頬に口紅とチークで赤みをプラス

ナチュラルメイク志向で、長年、口紅から遠ざかっていましたが、ベースメイクや目元のメイクとのバランスをとるために再び使うようになりました。数年に渡るマスク生活で、口元も頬の筋肉がゆるみ、垂れてしまった感じがしますが、口紅やチークを使うことで血色だけでなくハリもプラスできるようです。服と同じでメイクも〝少し盛る〟くらいが、ちょうどいいのかもしれません。

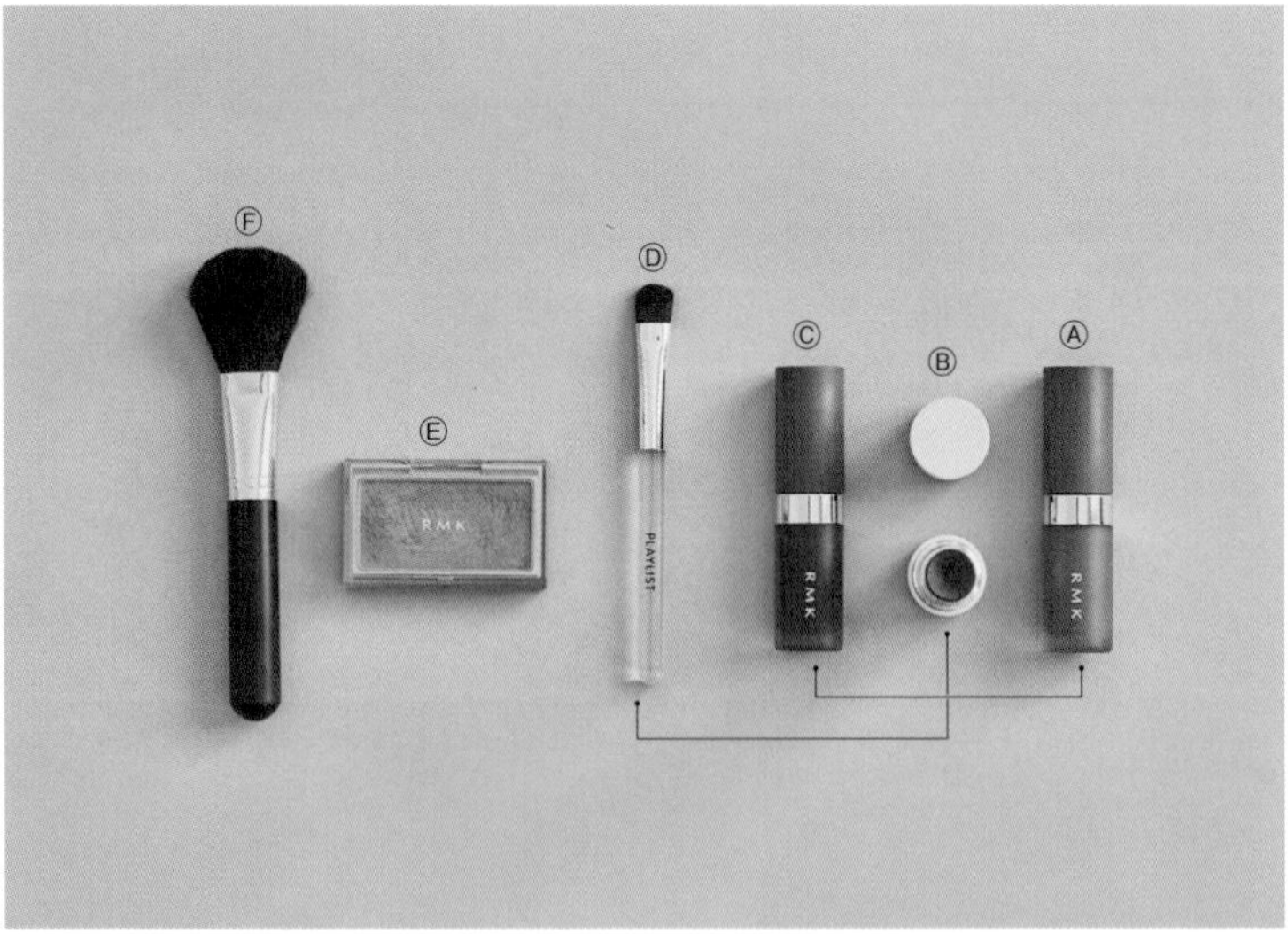

これを使いました！

Ⓐ [RMK] リクイド リップカラー EX-03 シアーマロン
Ⓑ [RMK] ザ リップカラー 08 カインド ハート
Ⓒ [RMK] リクイド リップカラー 10 ロウ カーネリアン
Ⓓ [プレイリスト] マルチブレンディングブラシ
Ⓔ [RMK] ピュア コンプレクション ブラッシュ 10 サハラ ベージュ
Ⓕ ブランド不明 チークブラシ

リップ＆チーク

唇や頬のたるみを引き締めるべくブラシを使って丁寧につけています

やってみたら……
うれしい発見！

1

口紅の色をブレンドしてみたら、より自分に合う色みになりました。微妙な色の違いを楽しめるので、飽きずに使えそうです。

1. Ⓐと Ⓑの口紅を手の甲に出して、Ⓓのブラシで色をブレンド。
2. ブレンドした口紅をブラシで塗ります。加齢とともに上唇が痩せてくるので、少しオーバー気味に描くとふっくらとした唇になります。
3. 手の甲に余った口紅にⒸの口紅を足してつくった濃いめの色を下唇の口角に塗ります。
4. Ⓔのチークを Ⓕのブラシに取り、軽くティッシュオフしてから、頬にのせます。ブラシは内側から外側に向かって、斜め上に動かして。

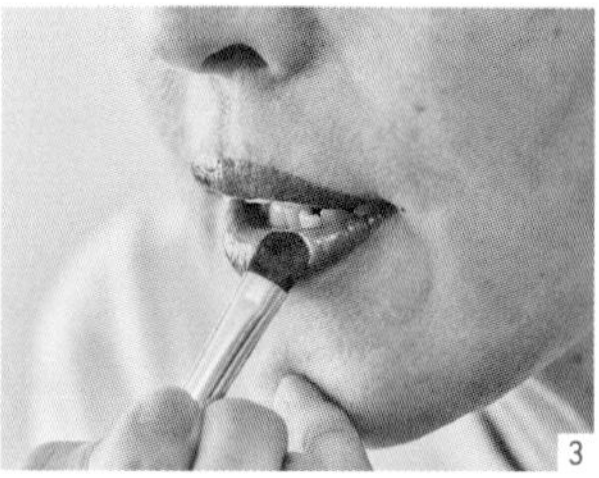
3

のっぺりと平坦になってしまった唇の口角に濃い色を入れることで、両脇が奥まって見え、自然な立体感が生まれました！

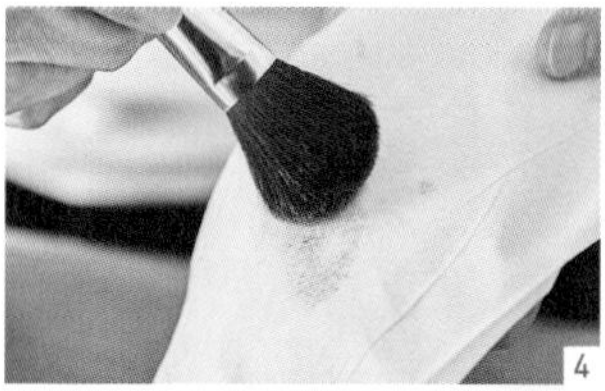
4

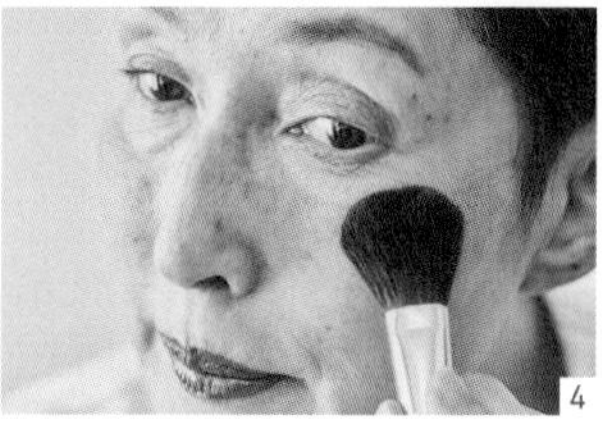
4

老けて見える要因のひとつの厚化粧を防ぐにはティッシュオフを忘れずに。ブラシは横に倒して使うと色ムラができません。

プチプラアクセサリーで
おしゃれがますます
楽しくなりました

服同様に小物も〝年を取るほどいいものを〟といわれますが、高価なアクセサリーはふだん着に合わない気がするのです。それにわたしにとってアクセサリーは披露するものではなく、自分の気分を上げてくれるもの。品質を気にするよりコーデのアクセントになるような、今の気分をまとったものを身につけたい。そんな思いから、近頃はプチプラアクセサリーを手に取るようになりました。いつものコーデにプラスするだけで新鮮な気分を味わえ、得した気分にも。

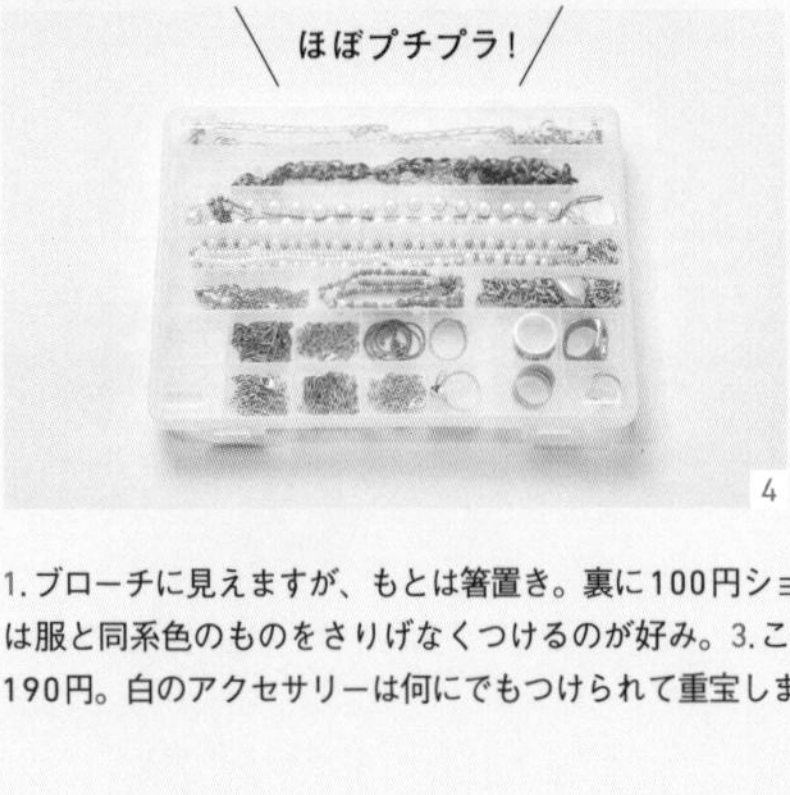

1.ブローチに見えますが、もとは箸置き。裏に100円ショップで購入したピンをつけました。2.ブローチは服と同系色のものをさりげなくつけるのが好み。3.このネックレスは「GU」のワゴンセールでなんと190円。白のアクセサリーは何にでもつけられて重宝します。4.保管ケースも100円でじゅうぶん！

5章

Reconsidering
My Fashion

時間を大切にすることは
自分を大切にすること

楽しい日々の
つくり方

人生を深める、ひとりの時間
〝とりあえずやってみる〟をモットーに

60代になり、いちばん変わったのは時間の使い方。〝外で働くのは65歳まで〟と決めて、段階的に仕事場で過ごす時間を減らしてきました。現在は週1回だけカフェ勤務をしていますが、それ以外は自分時間。これからの時間は人生を深め、楽しむために使いたいと思っています。そのために心がけているのは規則正しい生活。といっても、きっちりスケジュールを立てるのではなく、起きる、寝る、食べる、運動するの4本柱を同じリズムで欠かさず行うことで、生活の基本を整えるというざっくりとしたもの。また、興味のあることでも〝時間がある〟と思うと先延ばしにしがちなので習慣化してみるよう心がけています。いきなり生きがいは見つからなくても、やってみることが大事かなと思うのです。

ざっくりスケジュールを立てて QOL(生活の質)をアップしよう!

5:00~5:30 起床
昨夜の洗い物を拭いて片づける。
5:30~6:00 読書
平均15分ほど。三日坊主を克服するために開発された
「継続する技術」というアプリを使って読書を習慣化中。
読書の代わりにモーニング(思いを書き出す)ノートを書くことも。
6:00 仏壇にお茶を供える
母に今日のスケジュールと体調を報告。
6:30 朝食
メニューは毎日同じもの。パン、ヨーグルト、フルーツ、シリアル、
プロテイン、紅茶。
To Do リストを書く
7:00 家事
片づけや夕食の下ごしらえ、掃除(一日おき)や洗濯をしながら、
YouTubeやインスタグラムの返信などを行う。
10:00 買い物、あるいは動画撮影
食料品の買い出しは2～3日に1回程度。
12:00 昼食
メニューは麺類やお好み焼きなどのローテーションが多い。
13:30 仕事、あるいは勉強
YouTubeの編集や企画を考えたり、動画内で着るコーデを決めたり。
図書館へ行くこともあり。
16:00 夕食準備をしてから、カーブスで運動
18:30 夕食
総菜でもこと足りるけど手づくりのごはんを食べると満足感が
大きいので、なるべく煮物一品だけでもつくるようにしている。
食後はテレビかYouTubeを見て、ゆっくり過ごす。
20:30 入浴
入浴後は副交感神経が優位になるように、スマホやタブレットは
使わないようにしている。
22:00~22:30 ぐらいに就寝
万が一、体調が悪くなったときのことを考えて、
枕もとに薬用の水を用意している。

やってみたかったことを今こそ実践
憧れのキャンパスライフを〝図書館通い〟で満喫中

みなさんは大人になってから好きになったことはありますか？　私は勉強です。読書も大好きで、近頃は隣町にできた新しい図書館に通うのにハマっています。というのも私は高校卒業後、働きながら夜間の大学に通ったので、昼間の光あふれるキャンパスライフにずっと憧れていたんですよね。都会では社会人の受講を受けつけている大学が多くあるようですが、私の住んでいるエリアでは選択肢が少ないので図書館をキャンパス代わりに学生気分を楽しんでいます。週1回程度ですが、ここに通う日は服装も学生チックなコーデにして気分もアップ。たとえ真似ごとでも、やりたかった気持ちを昇華できていることが、とてもうれしいんです。これからも、自分を高めたいというエネルギーを大切にしながら、新しいこと、やってみたかったことに気軽に挑戦していきたいと思います。

1

2

3

1.ランチは緑を見ながら庭のベンチで。気兼ねせず過ごせてうれしい限り。2.天井が高く、開放的な空間。ふんだんに使われている木材は地元・香美《かみ》市のもの。3.窓に面した明るい読書スペースがお気に入り。

香美市立図書館かみーる

㊟ 高知県香美市土佐山田町楠目736
☎ 0887-53-0301

図書館に行くときは お弁当を持参して長時間体制で

図書館へ行くときは、ポケットがたくさんついている「ガストンルーガ」のリュック（p.77参照）で。持参するのはこの8つ。1.iPhone。2.AirPods。周囲が騒がしいときは耳栓代わりに使用。3.化粧ポーチ。中にはリップや歯磨きセットが。4.お弁当。この日はサンドイッチを作りました。5.動画の編集作業に使っているiPadとアイデアを書き留めるためのノートとボールペン。6.ハンカチ。7.お財布。8.水筒。

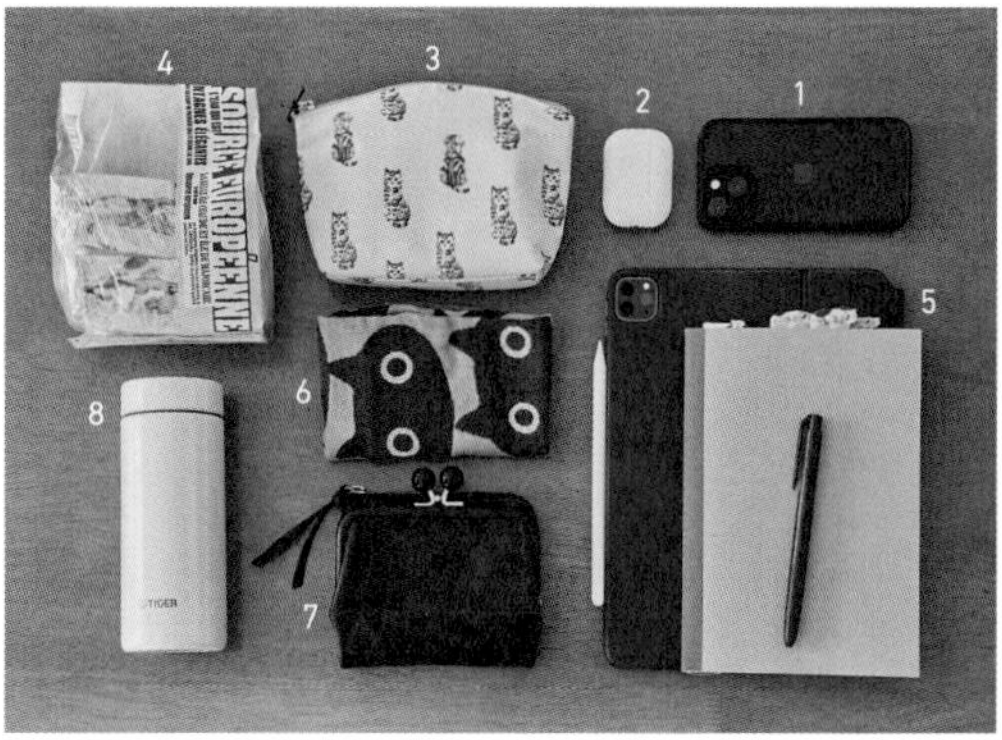

食べることが作業になってしまわないように楽しく食べる小さな工夫をちりばめよう

シニアのひとり暮らしで肝心なのは体調の管理。きちんと食事をすることが日々の健康には欠かせませんが、つくるのもひとり、食べるのもひとりだと、億劫になってしまうということもありますよね。私の場合は、そんな日はごっこ遊びを取り入れて、食事に楽しみを添えています。サブスクで旅番組を流しながら食事をすると少しは旅情感が味わえるし、晩酌をする方なら、居酒屋のおかみさんになったつもりで今日の一品を作ってみるのも楽しいかもしれません。私はパンや甘いものが好きなので、ときどきカフェメニューを再現して家カフェ気分を味わっています。ほかにも、夕飯時はライトを電球色にしたり、少し暗めにするのもリラックス効果があっておすすめです。レストラン気分も味わえますよ。

1

カフェメニューを再現して わが家のリビングを 〝家カフェ〟に

2

3

1. 自分のためにていねいにお茶をいれて、家カフェを楽しむことも。今まではちゃちゃっとすませていたことを、ゆっくり時間をかけてやってみるだけで充実感を得られたりします。2.「コメダ珈琲店」のあずき入りのコーヒーがとてもおいしくて家で再現してみました。3. レーズンパンにキャロットラペとサラダチキンを挟んでカフェのランチ風に。買うのもいいけど、食べたいものを自由に組み合わせられるのが楽しいです。

不安にとらわれる時間を今を楽しむために使いたい

これからの時間に思いを馳《は》せた時、いちばん不安に思うのはやはり健康面です。自然に老いることは母を見て学びましたが、病で命を終えていく友人たちも見てきたので、自分はどんな終わり方をするのかと思うと不安になります。でもどれだけ考えても結局のところ不安はなくならないのですよね。その時が来たら、あぁ、こういうことだったかと思うだけでしょう。〝結婚前には両目を大きく開いて見よ。結婚してからは片目を閉じよ〟という名言がありますが、これは老齢になった自分にも必要な教訓だと思います。今は、両目を開けてしっかり自分を見る。遠いところの自分は、片目をつぶってぼんやり見るくらいでいいのかもしれません。今、目の前にある幸せに目を向けて暮らしていきたいです。

不安を大きく膨らませないための心がけ

安心を常備しておく

健康面に関しては、備えあれば憂いなし。いざというときに備えて、あらかじめ準備をしておけば、漠然とした不安の解消にも役立ちます。特に60歳以降は体調のアップダウンも増えてくる年齢なので、不調に陥ってしまった場合の対処方法を心得ておきましょう。たとえば私の場合は頭痛持ちなので、寒い季節なら暖かくしてみる。温かい飲み物を飲む。コーヒーなどでカフェインを摂取してみる。30分ぐらい寝てみる。目を休ませるために遠くをぼんやり眺めてみるなどを試しています。また、めまいがするときは横になってじっとする。薬を飲む。ひどくなる前にトイレに行っておくなども有効。 なんとなく体調がすぐれないことも増えるので、そんな時は解決するより同調の精神で。こんなもんだとつき合っていく心のゆとりが必要かなと思います。

考えごとは朝にする

どんなに健康な人でも夜に考えごとをすると、不安に陥ったり、マイナスの感情に引っ張られてしまうそうです。そのモヤモヤとした感情は、朝一番にノートに書き出すのがおすすめ。冷静に状況を把握でき、前向きに物事を考えられます。何が嫌だったのか、どういうことが悲しかったのかを具体的に書き出すうちに、どういう自分でいたいのかが見えてくるので、今後の生き方を模索している人にもおすすめです。

外出をして広い世界を見る

ひとりで部屋に閉じこもっていると考えても仕方ないことに固執しがちに。しんどいなと感じたら、積極的に外へ出かけましょう。買い物に行ったついでにお店の人と話したり、空を見たりするだけで心に新鮮な風が入ってきますよ。

2

1

ひとり暮らしなので、買い物に行けないことを想定して、食料の常備もしています。1.食欲がない時に重宝するのが果物の缶詰。2.体がだるい時でも、比較的やさしい味付けの冷凍うどんやそばなら、のどを通ります。

身近なところに楽しさがいっぱい
これからは何げないおしゃべりを積極的に

仕事も私生活も〝もっともっと〟と坂道を上り続けた時を経て、60代になりありのままの自分を受け入れられるようになると、自然と身近なところや周囲の人に目がいくようになりました。ないものを求めるのではなく、あるものを見る。ようやくそんなことができるようになったのかもしれません。以前は煩わしかった親戚やご近所さんとの付き合いも、むしろ積極的にしたいと思うようになりました。今はまだ車に乗る生活をしていますが、そのうち徒歩圏内の暮らしになっていくでしょう。そのときに顔見知りの人やお店がたくさんあると幸せだし、とても心強いと思うのです。ますます高齢化していく社会の中で誰もが気軽におしゃべりができるようなコミュニティをつくりたいと、ひそかに思っています。

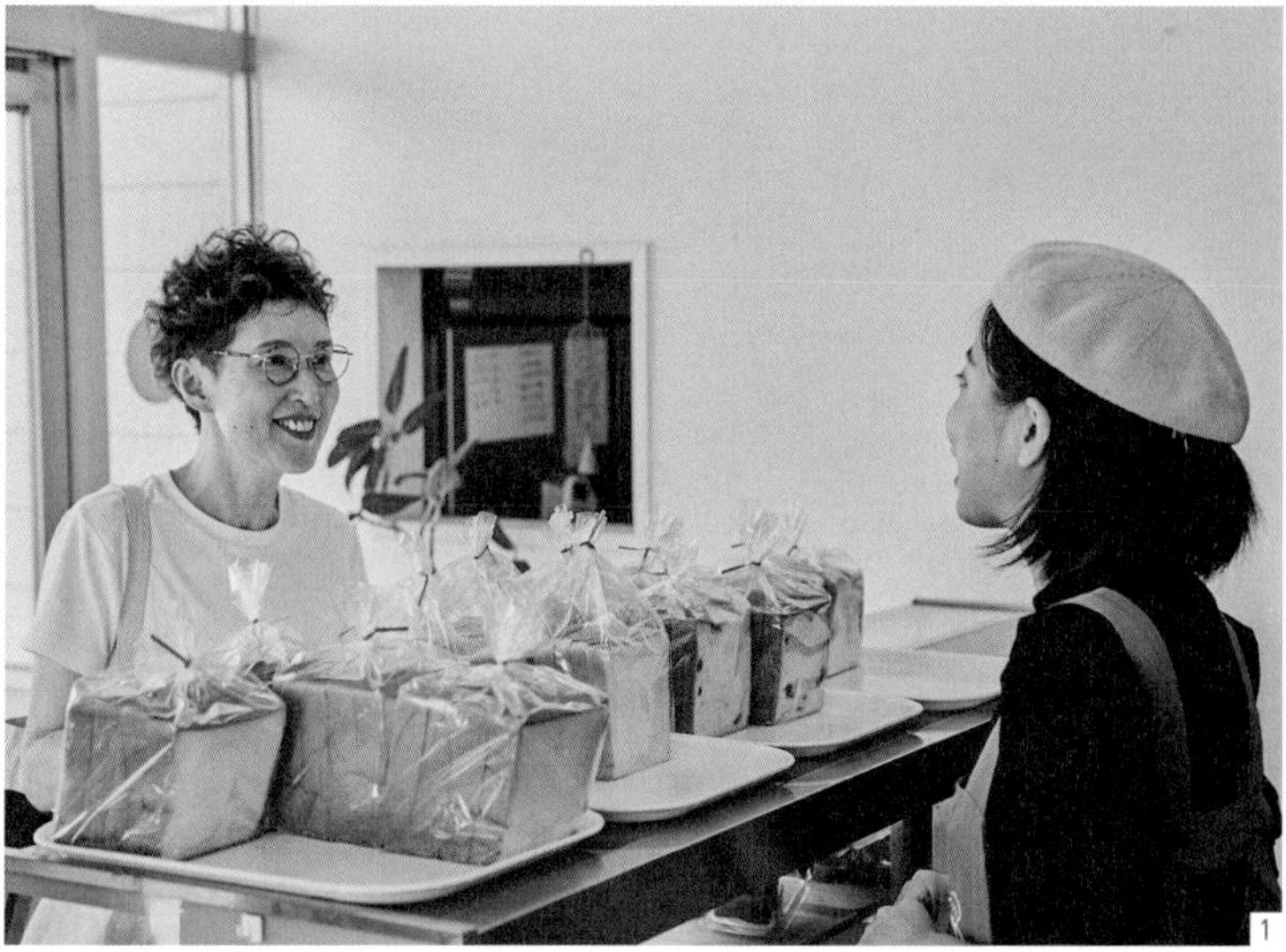

1

3

1.青果店や鮮魚店などの個人商店が減ってしまった今、対面で「おいしかった」と伝えられるパン屋さんは貴重な存在。いつも笑顔で迎えてくれる「perori」のお店の方に癒やされています。2.必ず買うのはこの食パン。3.人気のサンドイッチは早く行かないと売り切れてしまうことも。4.高知らしいご当地パンもたくさん。

まちのパン屋さん perori

㊟ 高知県南国市大そね乙1323-5
☎ 088-863-6760

4

2

小さな好奇心のタネが人生を楽しい方へ導いてくれる

わたしは30代で海外暮らしを経験しました。そのころは先の不安より、どこからともなくわいてくる好奇心で毎日ワクワクしていました。海外の商品パッケージがかわいくて、スーパーへ行くと洗剤にすら心ときめいたものです。ネットのない時代の海外生活は驚きでいっぱいでした。何を見ても、何を聞いても、すべてが新鮮で、おもしろく映ったあのころ。それがいつから単調な毎日に変わってしまったのでしょう。体力の衰えや行動範囲の狭まり、また経済的な不安からも、好奇心は衰えてしまうように思います。ですがこの好奇心こそが生きる原動力。自分の中にある好奇心にふたをしないで、むしろ深掘りしていく。これが老年期を〝楽しく生きるコツ〟のように思うのです。

みなさん、今、心にパッと思いつくことはありますか？　もしあるなら、貴重なその好奇心のタネに光を当ててみませんか。

わたしも10年先、20年先を考えると不安がないわけではありません。だけど2年前に始めたYouTubeのおかげで、今は、きっと将来は楽しいぞとも思えます。あのときわたしを突き動かしたのは「スマホひとつで動画がつくれるだなんて、なんだかおもしろそう」という小さな好奇心でした。iPadの操作方法も知りませんでした。ハローワークでスキルを磨こうにも、〝60歳の壁〟に阻まれ、応募した講座を受講させてもらえず途方に暮れていたのですから。そんなわたしでも独学でやってみたおかげで、今のオリジナルの道が開けました。好奇心はいくつになってもゼロになることはなく、光を当てれば輝きはじめるのです。

家で過ごす時間がふえると、毎日、同じことを繰り返しているだけのように思えることもありますが、明日は未来。だれにとっても未知の日なのです。それを不安に思うか、楽しみにできるかは自分の心次第なんですよね。

おわりに

先の見えない不安な日々が続いています。そんな中、年齢的にも過渡期を迎えている60代。これまでとこれからをいったん整理すべく〝断捨離〟や〝見直し〟といったワードが脳裏をよぎっている、あるいは、現在その作業のまっただ中にいらっしゃる方も多いかもしれません。私もこれからの高齢期をひとりで生きていくのが不安になり、まず最初に行ったのは持ち物の整理でした。頼れるのは自分自身だけ。何かあった時のためにできるだけ身軽になっておきたいという気持ちから。でも、この先、終活だけでいいのかというとそれは違います。まだ60代。この先まだまだ楽しみたい。仕事や周囲の環境、暮らし方が少しずつ変わっていく中で、削《そ》ぎ落とす方に傾いていた思考が、またふっくらとしはじめました。きれいな色の服を着たい、かわいい服を着たいという欲求も、そういう過程の中から生まれた感情だったのだと思います。

人生を楽しむために――。

たまに「ふだんどんなルームウエアで過ごしていますか」といったご質問をいただくことがあるのですが、ここで紹介した服たちが私のリアルな日常着。ジャケットやスカートなどは出かけるときに着るものですが、ルームウエアという区別はあまりなく、すべてが生活着。より楽しく生きるための服なのです。少しくらい落ち込んでいても、大好きな服に袖を通すと気持ちが明るくなる。そんなささやかな楽しみに支えられて、今、また希望をもって一日、一日を建設的に過ごせています。未来へ向かって満ちるお月様のように。だから、みなさんもきっと心配しすぎなくても大丈夫。一人ひとりにちゃんと楽しむ力が備わっていますから。

60代のおしゃれの見直し
今を楽しむ服を着て。

著　者　Mimi
編集人　森 水穂
発行人　倉次辰男
発行所　株式会社主婦と生活社
〒104-8357
東京都中央区京橋3-5-7
編集部　Tel 03-3563-5191
販売部　Tel 03-3563-5121
生産部　Tel 03-3563-5125
https://www.shufu.co.jp

製版所　東京カラーフォト・プロセス株式会社
印刷所　TOPPAN株式会社
製本所　下津製本株式会社

ISBN978-4-391-16155-7

充分に気をつけながら造本していますが、万が一、乱丁、落丁がありました場合はお買い求めになった書店か小社生産部へご連絡ください。お取り替えさせていただきます。

Mimi

高知県在住。1960年生まれ。61歳の時YouTubeチャンネル「Mimi's life」を開設。現在、チャンネル登録者数は約5.8万人。「60代ひとり暮らし」をベースとした衣食住のアイデアを発信中。20代～80代までの幅広い女性に支持されている。母親が介護施設に入居したのを機にひとり暮らしとなり、郊外のマンションに猫と暮らす。県内のカフェで店長を長年務めた後、現在は同会社のパート勤務に。著書に『60代ひとり暮らし 明るく楽しく生きる術。』（主婦と生活社）、『Mimi's life MAGAZINE』（扶桑社）がある。

Staff
撮 影　清永 洋
取材・構成　多田千里
デザイン　川村哲司（atmosphere ltd.）
イラスト　重 志保
校 正　福島啓子
編 集　八木優子